딸

도서출판 **운향**

'딸' 을 상징적으로 표현한 신라 토우
(경주 박물관 소장)

C o n t e n t s

나는 왜 이 책을 썼는가?

이 책은 이 시대 딸(여성)들의 가려운 마음을 시원하게 좀 긁어주려고 심혈을 기울여 쓴 책이다. 따라서 이 책은 이 나라 딸들의 아픔과 슬픔이 진하게 배어 있는 눈물겨운 책이기도 하다. 때로는 너무 슬프고 때로는 너무 안타깝고 때로는 유쾌하고 통쾌하게 글의 총을 쏘아 그래서 상당히 읽을 맛이 난다는 게 문학평론가들의 이야기다. 그리고 흔히들 새 시대를 '딸들의 시대'라고들 한다. 맞는 말이다. 이미 많은 딸들이 사회 각계각층에서 두각을 나타내고 탁월한 능력들을 발휘하고 있다. 옛날 같으면 영의정領議政자리, 감히 생각하기조차 어려운 국무총리 자리도 여성(한명숙)이 올라가 역임한 바 있고 또한 대통령직 인수위원장 이라는 막강한 권한의 자리에도 역사상 처음으로 여성(이경숙)이 올라가서 잘 해 내었다. 이제 우리 대한민국에는 여성 대통령만 탄생하면 딸이라고 천대하던 후진적인 시대는 종말을 고할 것이다. 그래서 나는 우리 대한민국 문학사에 최초로 소설이 아닌 사실문학, 이 산문집(prose) '딸'을 쓰게 되었다.

이 책 속에는 천태만상의 딸들이 등장한다. 어쩌면 이 책을 펴보는 그대들의 자신과 엄마와 딸, 또한 그대 친구들 모습이 담겨있을지도 모른다. 실패한 딸, 성공한 딸들의 모습에서 많은 것을 느끼고 배우게 될지도 모른다. 그래서 저자인 나는 조물주로부터 딸이란 운명을 부여받고 태어난 이 땅의 모든 딸들에게 이 책을 정중히 바친다.

이 책을 읽는 그대들 가슴에 보석보다 더 값진 영혼의 양식이 되고 자기 스스로를 비추어보는 거울 같은 멋진 마음의 선물이 되기를 진심으로 바라면서 ….

대한민국 제 17대 대통령, 이명박 정부가 출범한 해

저자 서 진 모

1

대한민국 딸들의 반세기 역사

이 나라의 과거 여성사는 딸의 존재 가치를 평가절하 하여 살아왔으며 역사를 거슬러 올라가면 며느리가 시집을 와서 아들을 낳지 못하고 딸만 낳으면 소위 '칠거지악七去之惡' 이라는 법을 만들어 집을 내쫓았던 시대도 있었으니 참으로 기가 막힌 슬픈 여성사女性史가 아닐 수 없다.

1

딸들의 역사

참을 수가 없도록 이 가슴이 아파도

여자이기 때문에 말 한마디 못하고

헤아릴 수 없는 설움 혼자 지닌 채

고달픈 인생길을 허덕이면서

아~ 참아야만 한다기에 눈물로 보냅니다

여자의 일생

구성지고 처량스럽게 들리는 이 노래는 한산도 작사, 백영호 작곡으로 된 대중가요이며 엄청나게 유행된 가수 이미자 씨의 히트곡 중 하나다. 건국 이후 이 노래만큼 한국서민층 여성들의 심금을 울린 노래도 별로 없었으며 이 노래를 부르면서 이 땅의 많은 딸들은 기인 한숨을 토했고, 눈시울을 적셨으며 자신의 슬픈 운명을 혼자 달랜 경우가 참으로 많았다. 왜냐하면 택시기사가 아침 첫 손님으로 여자가 올라타면 재수 없다고 차창으로 침을 뱉던 시절이었고 조금 더 거슬러 올라가면 딸들은 결혼하여 시집가면 '출가외인' 이라는 어처구니없는 딱지가 붙어야 했고 일부 몰지각한 시댁에서는 남의 집 귀여운 딸을 며느리로 맞이하여서는 마치 노예와도 같이 생각하며 무자비한 노동을 강요하였고 한편으로는 아이 낳는 기계로 전락 시켜버린 경우도 비일비재하였다.

그만큼 한국의 딸로 태어난 여성들의 설움은 말로서 다 표현하기 어려운 서러움의 역사를 안고 있다. 오죽했으면 딸 결혼을 시키면서 '딸을 치운다' 고 했을까? 그만큼 딸은 소용없는 존재로 밀어버린 시절이었으니 그래서 이 노래는 그냥 노래라기보다는 이 땅의 어머니들과 딸들의 가슴에 사무친 한을 처연하게 대변하고 있으며 가난과 배고픔의 시대에 있었던 여성멸시 풍조를 너무도 극명하게 함축시켜 표출해 낸 그런 눈물 젖은 노래가 아닌가싶다.

그렇다. 이 나라의 딸들, 그리고 며느리들은 단지 여자라는 이유하나로 감당하기 어려웠던 질곡의 삶을 살았었다. 또한 어쩌다 홀로된 딸들 중에는 인간의 본능인 성적욕구가 뜨겁게 꿈틀거려도 정절貞節을 지키기 위해 바늘로 죄 없는 허벅지를 수없이 찔렀던 불행한 딸들, 또는 은장도로 배를 찔러 자결한 딸들은 또 얼마나 많았던가….

그런 슬픈 역사를 지닌 이 나라 여성 역사속의 딸들은 엄마의 배 속에서부터 언제 목숨이 끊어질지 모르는 불안과 공포를 운명적으로 맞이해야 했던….

60~70년대 산부인과의 '태아감별'이라는 이상한 진단결과에서 의사의 말 한마디 '뱃속의 아이가 딸입니다' 이 한마디는 곧바로 그 태아의 사형선고와 다름이 없었던 시절도 있었으니 지금 이 시대를 주름잡는 건강한 딸들은 모두가 운 좋게 살아남은 여성들이라 생각해도 과언이 아니다.

그러나 세월의 흐름과 선진 세계에서 불어 닥친 여권신장의 바람은 이제 이 시대 대한민국 딸들을 '여풍당당'의 화려한 무대 위로 끌어올렸다.

그래서 다가오는 시대는 딸들의 시대라고들 하며 딸이 더 존경받고 인정받는 그런 세상이 올지도 모른다.

나는 내가 어릴 적, 그러니까 반세기의 세월인 50여 년 전, 그때 내가 보고 자란 윗대의 딸들 (어머니 세대), 그리고 내가 자라나 결혼을 하여 함께 살고 있는 아내의 세대와 우리 부부에게서 태어난 내 딸, 그 3代의 시대를 보고 느낀대로 이 나라의 여성들 즉, '한국의 딸' 반세기를 남성의 시각에서 그려보고자 이 책을 쓰는 것이다. 그렇다고 나는 탁월한 페미니스트가 되고자 하는 것도 아니다.

옛말에 한 남자의 일생이 행복하려면 치마 3개를 잘 만나야 한다는 말이 있다. 그럴듯하고 일리가 있는 말이다.

첫째 어릴때는 어머니라는 여성(치마), 그 다음에 성장해서는 아내라는 처가댁의 귀한 딸인 여성(치마), 늙어서는 며느리라는 사돈댁의 금지옥엽 같은 그 딸을 내 자식으로 맞이하는 그 딸들이 지닌 인연이란 고리에 맺어진 치마들과 만남에서 남자의 일생은 행복과 불행, 두 갈래로 벌어진다는 뜻으로 보인다.

물론 여성들도 바지3개를 잘 만나야 되지만….

미국의 저명한 여류 학자인 「엘리자베스 토마스」는 헤밍웨이 문학상 수상작 「세상의 모든 딸들」이란 책을 쓰면서 이런 말을 했다.

"세상의 모든 딸들은 이 세상 모든 이의 어머니다."
이 지구상에 "딸"이라는 존재가 없다면 어떻게 어머니가 있고
할머니가 있으며 자신이 있겠는가?

그건 지극히 평범한 진리의 말이지만 우리는 딸의 존재 가치를 때로는 너무 평가절하 하여 살아왔으며 역사를 거슬러 올라가면 며느리가 시집을 와서 아들을 낳지 못하고 딸만 낳으면 소위 '칠거지악법七去之惡法'이라는 법을 만들어 집을 내쫓았던 시대도 있었으니 참으로 기가 막힌 이 나라의 슬픈 여성사女性史가 아닐 수 없다.

나는 몇 년 전인 2005년 2월 4일 오후, 그 옛날 영, 호남 충청 지방의 선비들이 말을 타고 한양으로 올라오다 말馬의 죽을 먹였다는 전설을 안고 있는 말죽거리, 그러니까 지금의 서울 서

초구 양재동 전철역 출구 계단을 터벅터벅 오르면서 남다른 감회로 빙그레 웃음이 나왔다. 옛날 같으면 아니 아득한 옛날이 아니라도 이날 첫 생일을 맞는 내 외손녀의 그 애미, 즉 내 딸의 어린 시절만 해도 감히 상상도 하기 어려웠던 '딸애'의 돌잔치를 거창한 뷔페식당에서 많은 손님들을 초대하여 큰 잔치를 베푼다니… 하고.

그렇다. 어쨌든 지난 반세기 동안의 세상은 그렇게 급변해왔고 우리의 생활풍속도를 이렇게 바꾸어 놓았으며 따라서 이 나라 여성사도 많은 변천과 발전을 거듭해오지 않았는가!

특히 그날은 우리 호주제가 지금까지 남성 우월주의로 되어 있는 우리나라 민법이 잘못되었다는 헌법재판소의 결정이 내려진 역사적인 날이고 이제 새로 태어나는 아기는 성姓도 부모가 합의만 하면 얼마든지 엄마의 성씨를 따를 수도 있기에 나의 머릿속에는 딸이라는 존재, 즉 이 나라 여성들에 대한 관심의 증폭, 나아가서 남녀평등 내지 오히려 여성상위의 시대가 빨리 열릴 수도 있는 뜻 깊은 날에 내 딸의 딸이 첫 생일을 맞이했다는 것은 물론 우연의 일치이겠지만 이 나라의 한 여성으로 태어난 내 외손녀의 입장에서는 희망과 축복의 서곡이 되리라 싶은 매우 상서祥瑞로운 그런 흐뭇함이 봄의 햇살처럼 내 가슴에 전파되어 오고 있었다.

생일 파티장 그 이름도 구름 한 점 없이 맑았던 그날의 화창한 날씨와 같은 "화창和暢"이었다. 강남 메인타워빌딩 15층에 자리한 화창에 올라가기 위해 나는 엘리베이터를 탔다. 그 엘리베이터 안에는 한 젊은 여성이 초등학교 저학년으로 보이는 딸 하나와 그 아이의 바로 동생인 듯싶은 아이를 데리고 먼저 타고 있었다.

그녀는 사뿐히 인사를 했다. "안녕하세요? 글로리아 아버님이시죠? 전 글로리아(내 딸의 세례명) 친구 아무개입니다." "아, 그래요. 반갑습니다. 그런데 내가 그 아이 아버지라는 걸 어떻게?" "네에~ 모습이 너무 닮으셔서…" 나는 속으로 싱긋이 웃음이 나왔다. 피는 정말 속일수가 없구나하고. 그렇다. 피는 절대 속일수가 없다. 장본인인 당사자들은 아버지와 자신이 닮았는지 엄마와 내가 닮았는지 잘 모르고 살아가지만 남들이 보면 당장 알아보는 게 핏줄의 모습인가 싶었고 그것을 의학적 표현으로는 디·엔·에이(DNA) 즉, 유전자의 동일성이라고 말하는 모양이다. 옛말에 딸은 아버지를 닮으면 잘산다는 말이 있으니 아버지를 닮았다는 내 딸도 부디 잘 살아주길 바란다.

영국의 여성 상원의원을 지내고 「엄마와 딸」이라는 저서를 펴낸 폴린페리 여사는 자신의 책 서두에 이런 글을 실었다.

"어머니는 우리에게 생명을 준 자이며 첫 숨을 들이쉴 때부터 돌보아준 자이며 생명과 함께 유전자를 전해준 자이며 우리가 누워있던 자궁이다."

매우 적절한 표현이 아닐 수 없다. 이는 언젠가 우리나라 한 여성 한의사가 펴낸 책 "나의 살던 고향은 꽃피는 자궁"이라는 그 책 이름과 일맥상통한 뜻 깊은 말이다.

외손녀 생일 파티장에 들어서니 줄잡아 백 수 십 명이 앉을 수 있는 꽤나 큰 홀이었고 장내는 은은하고 감미로운 음악이 흐르고 있었고 초대받은 손님들이 상당히 모여들고 있었다. 제일 먼저 인사를 나눈 분은 나의 사부인이었다. 그러니까 이날 파티의 주인공인 내 외손녀의 친할머니… 안사돈과 바깥사돈 간의 관계는 우리 사회에서 가장 어렵고도 조심스런 사이다. 서로 반갑고 정중하게 인사를 나누고도 식사 자리를 함께 하기 쉽지 않은 그런 사이가 바로 안사돈과 바깥사돈 사이고 그것이 우리나라 보편적 가족사회의 관습이 아닌가 싶다. 나는 잠시 저만치 떨어져 앉은 사부인을 보면서 뭔가 언뜻 떠오르는 생각을 했다.

저 분은 보통의 부인들과는 조금은 다른 삶을 살아오신 분이라는 것을 언젠가 딸로부터 들은 바 있었기에 문득 그런 생각이 떠올랐는지도 모른다.

사부인의 친정은 소위 양반의 고장이라는 충청도, 친정댁은 그 고장에서도 상당히 알려진 대농가였고 큰 부자집이었으며 전형적인 선비의 가문이라고 한다. 그래서 결론부터 말하면 사부인의 친정어머니는 남존여비男尊女卑시대의 여인으로서 전형적인 가부장적 시대의 피해자라고 말할 수도 있다. 그러나 그 어른은 깨어있는 삶을 사시면서 따님을 당시로서는 상당히 어려웠던 사범대학을 보내셨고 교육자의 길을 걷도록 하셨단다.

어쩌면 내 사부인의 친정모친인 그 어른은 소위 '칠거지악법'이 무자비한 행패를 부리던 그 시절에 아들 못 낳으신 그 죄(?) 하나로 말년을 딸의 집에서 여생을 살다 가신 듯싶고, 그 큰

거로는 소위 출가외인이라는 따님이 시어머님의 양해 속에 한 집에 수년간 친정엄마를 함께 모신 일, 그리고 그 어머니의 임종을 남 형제 하나 없이 홀로 감당해야 했으며 쓸쓸하게 떠나시는 한 많은 엄마의 영정을 끌어안고 하염없이 우시더라는 이야기를 사부인의 맏며느리가 된 내 딸을 통해 전해 듣고 마음이 아팠던 일이 있었다. 이 날 첫돌을 맞이한 저 아이가 대학을 나올 무렵인 20여 년 후쯤 이 세상은 얼마나 변할 것인가?

내 유년 시절만 해도 길 가던 여인이 저만치 논이나 밭두렁에서 어떤 남성이 소변을 보고 있으면 돌아서서 하늘을 쳐다보고 있다가 그 남자가 지나간 다음에야 걸음을 재촉했는데, 며칠 전 등산로에서 나는 20대 여대생인 듯한 젊은 아가씨들이 어떤 젊은 청년이 나무 뒤에 서서 소변을 보고 있는 그 옆을 지나가면서 나는 듣지 말았어야 할 폭언의 파편소리를 들어야 했다. "X새끼 대낮부터 까고 자빠졌네."

아! 50여년이란 세월 속에는 이 땅의 젊은 딸들 언행言行부터 이렇게 달라졌는가? 여성의 미덕으로 꼽히던 '수줍음' 같은 것은 아예 사라져가고 오로지 '나 좋으면 됐지 뭐가 어때.'라는 식으로 전철에서나 버스 정류장에서도 서슴없이 남자친구를 껴안고 보기 민망스런 짓들을 하고 있으니….

이런 안하무인 같은 모습을 세태의 변화로만 치부해야 할까? 물론 이 땅의 모든 딸들이 다 그런 것은 아니지만 정말 너무하다 싶은 생각이 들었다.

옛날에는 딸이 시집을 가면 3년간 벙어리가 되어야 하고 3년

간 귀머거리 그리고 3년간은 장님이 되어야 한다고 친정어른들이 교육을 시키고 그것을 강조했는데 지금은 새 며느리를 맞이한 시부모가 오히려 이런 '3대 원칙'을 지켜야 며느리에게 미움을 받지 않는다고 하니 이 역시 시대의 변화로만 치부해야 할까?

아무튼 이런 세월의 변화 속에 강산은 수없이 변했고 딸(여성)들의 모습도 천지개벽이 일어났다. 숱한 격세지감을 느끼지 않을 수 없다.

어느 시인은 여성들을 향해 이런 글을 썼다.

> 여자란, 남자들에게 있어서는 가장 난해한 학술자료다. 아무리 연구를 계속해도 그 본질이나 특성이 일목요연하게 정리되지 않는 존재다. 때로는 얼음같이 차갑고 때로는 불같이 뜨겁다. 때로는 가시처럼 날카롭고 때로는 솜털처럼 부드럽다. 때로는 풀잎처럼 연약하고 때로는 칡뿌리처럼 강인하다. 남자들에게 사랑의 열병을 앓게 만드는 독향을 간직하고 있고 질투에 강하다. 어머니가 되었을 때 가장 성스럽고 아내가 되었을 때 가장 철부지가 된다. 변덕이 심하다. 눈썹을 한 번씩 깜빡거릴 때마다 변덕의 불꽃은 두 번씩 일어난다.

라고 재미있게 표현하였다.

자, 이제 본격적인 이 나라 딸들의 역사 속에 굵직굵직한 이름을 남긴 여성들 발자취부터 한번 살펴보자.

1950년대 초반, 대한여자청년단이 발족된다. 그 한해 뒤인

51년 9월 6일에는 대한민국 여군이 창설되어 처녀들이 군복을 입고 총을 들고 일어선 역사가 이룩되고, 52년 1월 21일에는 조선방직 여공 1천명이 국회의사당 앞에 몰려가 저임금과 온갖 차별대우에 항의하는 대규모 집회가 열렸다. 국내 최초의 노사분규 대 집회였다. 이 시기가 아마도 이 나라 여성사가 획기적인 변화가 태동된 것으로 보인다. 그 무렵 한국 최초의 여성 사법고시를 합격한 이태영 여사가 부각되기 시작했고, 53년 7월 3일에는 국회에서 간통쌍벌죄 법안을 통과시켰고, 배우자 있는 남녀가 외간 남자여자와 간통을 하면 양쪽 모두 처벌하는 법률이 생겨 수많은 바람둥이들이 형사 처벌을 받았다.

그런데 그로부터 반세기 후인 최근 한 법관은 남녀간 이불속(배꼽 아래) 사건은 법으로 규제해서는 안된다는 의견을 내놓아 화제가 되고 있고, 결국 성性 문제는 개개인의 양심과 자율에 맡겨야 한다는 즉, 간통죄 폐지의 찬성파가 늘어나고 있으니 이 또한 세월의 변화와 시대의 흐름 속에 어쩔 수 없는 묻지마 성 개방 풍조인가? 요즘은 여성들이 간통죄 폐지에 찬성을 더 하고 있다는 이야기도 들린다.

50년대 중반, 우리의 여성사 속에는 또 하나의 재미있는 사건이 발생한다. 춤바람 난 가정주부와 여대생 수십 명의 치마를 벗긴 희대의 '플레이보이' 사건, 요즘으로 보면 왕제비족인 이른바 박인수의 엽색행각.

그 엽색사건은 당시 전쟁 후에 따라온 성 불만에 허덕이던 여성들의 춤바람과 방종에 하나의 큰 경종을 울린 사건으로 기록된다.

즉, 여성의 정조는 지키려고 애쓰는 사람의 것을 지켜주는 것이 법이 하는 것이지, 춤을 미끼로 뭇 여성을 농락한 피고인 (박인수)에게도 일말의 책임은 있으나 쉽게 치마를 벗은 여성의 정조까지 법이 보호해줘야 할 의무는 없다. 고로 피고인 박인수에게 무죄를 선고한다!! 라는 이색 판결이 내려 피해자라고 나섰던 여성들은 얼굴도 못 들고 도망치기에 바빴던 웃지 못할 사건이었다.

이 무렵 소설가 정비석은 대학교수 부인이 춤바람이 나서 외간남자와 놀아나는 스토리의 '자유부인'이라는 작품을 서울신문에 연재로 써내어 상당한 논란을 불러 일으켰고 당시 유교사상에 젖어있던 많은 사람들로부터 심한 질타를 당하고 심지어 작가의 집에 돌멩이가 날아들었으니 지금 생각하면 참으로 어두웠던 시절이었다는 생각이 든다.

한편 정치적으로는 1958년 제4대 국회의원 선거가 있었는데 이 때 박순천 여사 등 3명의 여성 국회의원이 당선이 되면서 여류정치 시대의 첫 문을 연다.

당시 박순천 여사의 유세장에는 똑똑하고 말 잘하는 그녀의 연설을 듣기 위해 사람들이 구름떼처럼 몰려들었으며, 한번은 상대 남성후보가 남존여비 사상에서 비롯된 여성비하 연설을 했다.

"암탉이 울면 집구석이 망합니다. 그런데 여자가 정치를 한다고 저렇게 떠들어 대고 있으니 기가 막힙니다. 이대로 가면 나라가 반드시 망합니다, 여러분!!"

이렇게 연설을 하자, 그 뒤에 연단에 올라간 박순천 여사는 "국민여러분! 암탉은 알이라도 한 개 낳고 울지만 수탉들은 알도 하나 못 낳는 주제에 시도 때도 없이 울어댑니다!! 이러니 나라가 개판이 되어가고 있어요!!"라고 즉흥연설로 막 받아쳐 유권자들의 우레와 같은 박수를 받았던 일.

우리 정치사 반세기 동안 이제 이 땅의 똑똑한 딸들은 그 10배도 넘는 40명의 여성 국회의원으로 진출하였다. 제17대(2008년 4월8일까지 임기) 국회의원 중 여성의원들의 명단을 가, 나, 다 순으로 살펴보면, 강혜숙 · 고경화 · 김명자 · 김선미 · 김애실 · 김영선 · 김영숙 · 김영주 · 김현미 · 김희선 · 김희정 · 나경원 · 박근혜 · 박순자 · 박영선 · 박찬숙 · 서혜석 · 손봉숙 · 송영선 · 심상정 · 안명옥 · 유승희 · 윤원호 · 이경숙 · 이계경 · 이미경 · 이승희 · 이영순 · 이은영 · 이혜훈 · 장복심 · 장향숙 · 전여옥 · 전재희 · 조배숙 · 진수희· 최순영 · 한애자 · 한명숙 · 홍미영 의원 등 40명이다. 이는 그동안 우리나라의 여권신장의 산 증거라 해도 과언이 아니라 생각된다.

1959년 12월에는 새로운 호적법안 즉, 여성(딸)의 상속권 인정의 법안이 국회를 통과하여 그때까지 상속의 분배대상에서 제외되었던 딸들도 모두 아들과 꼭 같은 부모의 상속을 받게 되었던 것이다.

1961년 4월 21일에는 우리나라 첫 여성 판사(황윤석 판사)의 의문의 변사사건이 발생, 세상이 발칵 뒤집혔는데 나중에 의사가 그녀를 부검한 결과 그녀의 위 속에서는 성 흥분 촉진제의 약물이 검출되었다고 밝혔다. 힘든 공부와 법전에 파묻혀 있던 젊은 여성판사의 인간적 외로움과 성적불만이 도출된 사건으로 볼 수 있다.

그 후 1964년 '우리도 한번 잘 살아보세'라는 새마을 노래가 새벽잠을 설치게 하던 그 무렵 이 땅의 간호사들은 돈을 벌기 위해 인력 수출의 대열에 올라 수륙만리 서독으로 파견되어 갔다.

그 때의 상황을 섬세히 그려낸 작가 조정래의 '한강' 이란 소설에 보면 다음과 같은 내용이 실려 있다. 내가 굳이 이 소설 한 대목을 이 책속에 옮겨 싣는 이유는 당시 박정희 정권이 외화 획득이라는 그럴듯한 구실을 달아 1만 여명의 간호사들을 독일에 보냈으나 그들 간호사들의 삶속에는 이런 고통과 눈물이 담겨 있었음을 보여주기 위해서이며, 당시 그 간호사들(지금 60대 여성들) 대부분은 자기 자신들의 행복이나 입신출세를 위해서가 아니라 오빠나 남동생 말하자면 남자 형제들의 학비 조달의 책임 때문이었던 경우가 많다. 조정래 선생의 소설 '한강' 속에는 당시 서독으로 나간 간호사들의 비애 속에 이런 눈물겨운 사연이 담겨 있다.

한국 간호사 정남희는 가슴가득 숨을 들이키며 자기 자신에게 환기시켰다. 절대로 옷에 똥오줌을 싸게 해서는 안 된다고. 그건 일이 몇 배로 힘들어지는 고역일 것이 뻔했다. 옷에 싼 똥을 치우고, 똥 묻은 몸을 씻겨야하고…. 생각만으로도 끔찍해 정남희는 진저리를 쳤다. 그녀는 미리미리 똥오줌을

뉘어야 한다는 단 하나뿐인 방법을 어서 실천에 옮기려고 첫 번째 침대로 다가갔다. 머리가 하얗고 살이 많이 찐 남자 노인은 눈을 번히 뜨고 누워 있었다. 그런데 그 큰 눈이 초점 없이 멍하고 텅 빈 것처럼 공허해 보였다. 자기 이름도 기억하지 못하고, 자식들마저 알아보지 못하는 치매환자의 전형적인 모습이었다.

"할아버지, 할아버지, 저하고 소변보러 가세요."

독일 말을 할 수 없는 정남희는 한국말로 하며 노인의 팔을 흔들었다. 노인은 눈을 껌벅거리며 정남희를 이윽히 쳐다보더니 거부의 몸짓을 지었다.

"자아, 내려오세요. 부축해 드릴 테니까, 옷에 싸면 안 되잖아요."

정남희는 다정하게 웃으며 아까 수간호원이 시범을 보인 것처럼 노인의 팔을 자신의 어깨에 걸었다. 그러자 노인은 거센 힘으로 팔을 뿌리쳤다. 그녀는 예상치 못한 힘에 밀려 약간 비틀거렸다. 독일 말이 아니라서 그런가? 얼굴이 낯설어서 그런가? 대소변이 안 마려워서 그런가? 이런 생각들이 빠르게 스쳐가며 정남희는 난감해졌다. 싫어하는 사람을 억지로 끌어내릴 수는 없었다. 그녀는 그 옆 침대로 옮겨갔다. 얼굴만 다를 뿐 그 환자도 눈동자가 풀리고 몸이 뚱뚱한 것은 마찬가지였다. 실없는 웃음을 흘리고 있는 그 노인은 정남희에게 의지해 순순히 침대에서 내려왔다.

노인의 큰 몸집은 불안정한 걸음걸이와 함께 축 처져 있었다. 그 몸을 떠받치며 한 걸음, 한 걸음 옮겨놓기가 힘에 벅찼다. 그런데 노인은 침대 앞에 이르러 올라갈 생각을 하지 않고 멍하니 서 있었다. 정남희는 노인을 침대에 걸터앉히고 낑낑거리며 두 다리를 받쳐 올렸다. 가까스로 노인을 침대에 눕히고 나자 숨이 가쁘고 진땀이 났다. 정남희는 이마를 훔치고 긴 숨을 내쉬며 암담한 기분에 빠져들었다. 한국에서는 전혀 하지 않은 일이었다. 그런 일

은 보호자나 간병인의 몫이었다.(중략)

으악! 그녀는 질겁을 해서 눈을 질끈 감았다. 더 심한 악취와 함께 눈앞에 불쑥 드러난 것. 성인 남자의 그것을 본 것은 처음이었다. 그것도 바로 눈앞에서, 정면으로. 기껏 보았어야 젖먹이들의 고치였고, 의학서적에 그려진 그림이었다. 그러나 실물의 흉물스러움과 당혹감에 그녀는 혼비백산했다. 그것도 외국 남자의 그것이었다. 엄마, 엄마, 나 어떡해….(하략)

이는 물론 소설속의 이야기지만 실제로 당시 서독 파견 간호사들 경험담을 들어보면 이보다 더한 경우도 비일비재했다는 것이며 심지어 따귀를 치는 경우도, 옷을 벗기려는 성폭력적인 행위도 때론 참아낼 수 밖에 없었다고 한다.

1965년에는 영화 "저 하늘에도 슬픔이"라는 국산영화인데 젊은 엄마가 어린 자녀들을 두고 병들고 굶주려 죽는 슬픈 모정의 스토리가 방영되어 전 국민들의 눈물을 적시게 하였으며, 66년도에는 대한가족협회가 주관하여 한 가정 세 자녀 갖기 운동이 전개된다. 그리고 그 다음해 67년도에는 한국여성 단체협의회가 남편들의 외박을 막기 위해 "요정 정치 없애고 축첩자에 투표를 하지 말자"라는 이색 표어를 내걸고 남편의 바지혁대를 잡아당겼으며 68년도에는 보건사회부가 매달 마지막 토요일을 '가정의 날'로 제정하여 가정의 소중함을 제도화하기도 하였다.

그 다음해인 69년도에는 가난에 허덕이던 딸들 중 몸 파는 여인들의 성매매행위가 늘어나자 정부가 '윤락행위 방지법'을 제정하였고, 70년도에는 근 40여 년의 세월이 흐른 지금까지도 완전한 진실이 밝혀지지 않은 미모의 여성(전 대구 부시장 딸) 정인숙 여인 피살사건이 마포 한강변에서 터진다. 이때만 해도 박정희 군사정권이 서슬 푸른 찬바람을 일으키던 시절이었고 시중에서는 '정인숙이 낳은 아이는 박정희 아들이다'라는 유언비어가 나돌 정도로 그녀는 이 나라 최고 권력 주변에만 놀던 대단한 여인이었으며 타고난 미색에다 몸까지 남자들을 죽인다는 명기(?)였다고 풍문이 자자했다.

당시 이 사건의 진실을 파헤치기 위해 노력한 똑똑한 기자들도 상당했지만 군사정권의 총칼이 무서워서 감히 진실의 몸통에 접근을 못하였고, 그래서 죽은 정여인의 오빠 정종욱씨가 누이동생을 죽인 누명을 쓰고 억울한 감옥살이 20여년을 하게 된다. 그가 감옥 속에서 써낸 "아직도 최후의 심판은 남았다"라는 책에 보면 정인숙 여인이 낳은 아이는 정일권(당시 국무총리)의 아들임을 주장하고 있으며, 정총리가 그 후 자유총연맹 총재로 있을 당시 자신에게 입막음용 거액을 전달했다는 놀라운 사실을 상당한 증거까지 제시해가며 저술을 하였고, 그 책에 실린 정인숙의 아들 사진은 국무총리를 지낸 정일권 씨와 상당히 닮아있었으나 그 후 그 사건은 정 전 총리의 사망으로 영원한 미스터리가 되어 역사의 땅 속으로 묻히고 말았다.

그리고 그 다음해인 1971년 5월부터 대한가족협회가 주관이 되어 한 가정 자녀 둘만 낳기 운동이 전개되었으며, 그 당시는 예비군 훈련장에까지 남성들의 정관수술 시술팀들이 따라다니며 의사들이 칼을 들고 청년들의 팬티를 끌어내려 불임수술을 시술하였다.

그래서 그로부터 30수년이 지난 지금은 인구부족 현상이 나타나 자녀 3명이상 낳는 엄마들에겐 포상금까지 주어가면서 다산 권유를 하고 있으니 정말이지 역사의 아이러니를 실감하게 된다. 당시 나도 예비군 훈련을 받은 사람이기 때문에 잘 아는 일이지만 경상도 지방에서는 이런 정관수술 때문에 약간은 저급스런 말까지 유행되기도 했다.

"오늘 훈련 가면 불알 깐단다. 그라이 가지마라"

웃어야 하나? 울어야 하나? '불알깐다'라는 이 말은 그 옛날 왕조시대에 궁 안에 있는 내관內官들에게 궁녀들과 통정을 못 하도록 모조리 성기능을 제거해 고자를 만들어버린 피비린내 나는 거세의 역사 때 있었던 정말이지 기가 막힌 인권유린의 대명사이다. 당시 왕실의 내관이면 요즘으로 보면 대통령을 모시고 있는 청와대 직원들이다. 조금은 우스운 비교가 되겠지만 얼마 전 세상을 시끄럽게 만든 청와대 한 권력의 실세가 신아무개라는 젊은 여성과 벌어진 그 통정 사건도 옛날 궁중 같았으면 절대로 발생할 수 없었을 것이다. 왜냐하면 임금의 주변 내관들은 모조리 거시기를 거세하여 성불구자인 내시內侍로 만들어 버렸기 때문이다. 아무튼 우리의 역사는 그렇게 변해왔고 1974년 8월 15일엔 요즘 이 나라 정계에서 큰 주목을 받고 있는 여성정치인 박근혜 전 한나라당 대표의 어머니 육영수 여사가 문세광 이라는 조총련 공산분자에게 세종문화회관에서 권총을 맞고 피살당한다. 육영수 여사는 역대 대통령부인들 중에서 국민들로부터 제일 존경을 받은 영부인으로 각인이 되어 있으며 언제나 가난하고 힘없는 사람들의 어머니 같은 국모였다. 그런데 육여사의 이름이 '영수'라는 주로 남자들의 이름으로 불리던 이름인데, 어찌하여 옥천의 육陸씨 집안에서는 딸에게 그런 남자이름을 지어서 결혼식 날 주례 선생이 정희와 영수라는 남자와 여자이름의 고정관념으로 그만 오늘 신랑 육영수군과 신부 박정희양의 결혼식이라는 웃을 수밖에 없는 '실수'를 하게 했는지….

그 다음해인 1975년도에는 박정희 정권의 몰락을 초래한 유신헌법이 국민투표라는 이름으로 통과되었고 수많은 지식인들과 바른 글을 쓰는 언론인들을 모조리 감옥에 잡아가둔 소름끼치는 대통령 긴급조치 9호가 선포되었다.

1976년 2월에는 지금 태능 선수촌 촌장으로 있으면서 최근 한국의 딸로서는 최초로 IOC국제올림픽 조직위원에 도전장을 낸 이에리사와, 그리고 정현숙이 서독 오픈 탁구대회에서 우승을 하여 유신정권에 얼어붙은 국민들의 마음을 조금 녹여주었으니 역시 대한의 딸들의 저력은 대단했던 것이다.

그 후 79년 8월에는 이 나라 정치권을 소용돌이치게 한 사건이 발생한다. 즉 YH무역 여성노조원들이 생명을 걸고 회사파업철회 농성을 하며 신민당사에서 철야농성을 벌이고 노조위원장 김경숙이 결국 투신자살을 감행하여 많은 국민들의 마음을 슬프게 하였다.(그런데 최근 그녀의 죽음은 자살이 아니라 타살이라고 밝혀짐)

개인적으로는 한 명 한 명 나약한 아녀자에 불과하지만 이 나라 딸들은 이렇듯 정의를 위해 뭉쳐 싸울 때는 무시무시한 일본 순사와 헌병들 총칼 앞에서도 독설을 퍼붓고 피를 물고 만세를 불렀던 유관순 열사같은 독한 기개의 피가 흐르고 있었던 것이다. "우는 닭의 목을 비틀어도 새벽은 오고 만다"라는 유행어가 나돌던 그 무렵 드디어 부·마 사태라는 유신반대 대규모 시위가 부산과 마산에서 동시다발로 터지고 여고생과 여대생들도 합세했다. 그런 시위 군중들을 탱크로 밀어버리자던 천하의 간신배요 버러지 같은 새끼라는 욕을 먹던 차지철 청와대 경호실장 같은 자들 때문에 박정희 대통령은 최고의 심복부하인 김재규 중앙정보부장의 총에 맞아 비운의 종말을 고한다. 그날 밤 그 피바람 현장에 불려가 있었던 20대 가수 심수봉등 죄 없는 '딸'들의 가슴에는 총소리보다 더 큰 심장의 박동소리가 쿵쿵 울렸을 것이다. 총으로 잡은 권력은 반드시 총으로 망한다는 속담이 현실이 된 것이다.

그렇게 도도히 흐른 이 나라 역사의 강물은 과묵한 선비정치인 최규하 대통령을 밀어내고 "난세에 영웅이 태어난다"라는 어처구니없는 미명을 달고 애시당초 대통령이 되지 말았으면 그 당사자나 국민들도 편했을 '전두환 장군'이 80년 9월 2일, 장충체육관에서 대통령 취임식을 거행한다. 그 당시 하늘을 찌를 듯한 권력의 중심부에 서있던 전두환의 동생과 처삼촌은 그만 '사기꾼' 신세로 전락되어 사법처리 대상이 되었으니 또 한 번 권력무상을 실감하지 않을 수가 없다.

80년 9월, 대통령 이.취임식장에서 벌어진 한 토막 희한한 '사건'이 있었다. 강원도 시골면장의 딸로 태어나 주로 책과 종이와 붓만 보며 자란 최규하 대통령 부인 홍기 여사가 떠오르는 태양 같은 의기양양한 모습으로 연단에 오르는 전두환 신임 대통령 부인, 주로 칼과 총을 많이 보며 자랐을 장군의 딸인 이순자 여사가 선뜻 내민 악수 요청, 그 손을 홍여사가 냉정하게 뿌리친 장면이 TV에 생중계 되었다. 빼앗긴 권력이 분해도 참고 참아온 시골 면장 딸의 우직한 성격에서 우러나온 '증오'와 '분노'가 담긴 홍여사의 손이 장군의 딸이 내민 고운 손을 사정없이 무안하게 만들어버린 순간의 사건이었지만 그 속에는 취임 249일밖에 안 되는 현직 대통령을 군부가 강제로 밀어낸 잘못된 권력이동에 따른 역사의 용트림과, 소리 없는 신음이 절절히 묻어있다. 만일 홍기 여사가 당시 40대쯤 된 나이였다면 혹 절망의 땅, 삼청교육대로 끌려갈 수도 있었을지도 모른다는 추정이 따르는 '간 큰 짓'이었다. 아무튼 숱한 화제를 뿌린 퍼스트레이디, 이순자 여사! 부부는 훗날 백담사 유배길에 오르고….

역사의 기록자들 그리고 사극의 대하드라마 극본을 그려낼 작가들은 이 대목을 어떻게 묘사할지 그것이 궁금하다.

이조 숙종실록에 실려 나오는 장희빈시절의 사건처럼 써낼런지도 모르고 절대 권력은 절대부패로 이어진다는 진리를 보여줄지도….

따라서 필자는 이 대목에서 분명히 한마디 하고 싶은 말이 있다. 그것은 전장군 그가 억지로 권력을 쥐려했고 강제로 대통령이 되었기 때문에 이 나라 민주주의 역사는 10년은 퇴보하였고 빛고을 광주가 피로 물들지 않았느냐는 점… 그리고 그 당시 필자는 간 크게도 책 한 권을 펴내었는데 그 책명이 「전두환, 이순자 부부에게 보낸 편지」였다. 상당한 부수가 서울대, 이화여대, 숙대, 고려대, 연세대 주변 서점에서 팔려나갔고 지금도 잔여본 두 권을 내가 소장하고 있지만 그 책 속에는 이런 내용의 글이 담겨있다.

부정축재로 모은 그 많은 재산, 국가에 모두 헌납하고 고향인 합천에 내려가 황강에 낚싯대나 드리우고 여생을 편안하고 조용하게 살아가시라고

그로부터 2년 후인 82년 5월에는 장張씨 가문의 잘난 딸 이른바 '큰손' 장영자 어음사건이 터져 나라경제가 온통 뒤집히는 것 같았고 시중에서는 이 사건과 전 대통령 부인 이순자씨가 연관이 되어있다는 풍문과 소문이 파다했으나 그것은 진실이 밝혀지지 않고 끝내 역사의 베일에 가려지고 말았지만 그리고 사실이 아니기를 바라지만 아무튼 당대의 '잘난 딸들' 그 여인들의 거센 치맛바람의 위력은 대단했다.

그 정권에서는 이 나라 여성사에 치욕스런 사건이 또 하나 발생했는데 지금은 모 대학 교수가 되어있는 권인숙씨 부천경찰서 성고문 사건이다. 역적 전두환을 처단하자!!라는 대자보가 여러 대학가 주변에 나부끼던 시절, 수사경찰관이 노동운동

가로 위장 취업한 권씨를 연행하여 밤중에 취조실에서 옷을 벗기고 온갖 못된 짓을 한 짐승보다 더한 경찰관도 있었다.

지금도 가끔 신문지상에 오르내리는 못된 경찰관들이 있기는 하지만…그 경찰관은 결국 징역 5년을 선고받았다. 그런 온갖 더러운 사건의 역사는 88년 노태우대통령이 제13대 대통령으로 취임하면서 오랜 죽마고우요 선배 대통령인 전두환 전 대통령 내외를 강원도 백담사로 유배 보내고 범죄와의 전쟁을 선포하면서 잠시 조용해졌으며 그해 12월 2일, 여권 신장의 케치프레이즈를 내걸고 국민주로 한국최초의「여성신문」이 창간된다. 이 여성신문이 조금만 일찍 창간되었더라면 권인숙 씨 사건 같은 치욕적인 사건들은 똑똑한 여기자들의 '펜총'에 맞아 모조리 사살 당했으리라…

만시지탄의 아쉬움은 있으나 아무튼 여성신문은 이 나라 여성들의 권익신장에 큰 몫을 차지했다고 볼 수있고 여성신문이 좀 더 일찍 창간되었더라면 이 나라 역사가 바뀌었을 수도…

여성신문이 조금만 더 빨리 창간되었더라면

또한 지방에서는 필자가 처음 기획한「울산여성신문」이 창간되어 훌륭한 후배 여성 언론인 원덕순元德順 사장이 3년 연속으로 정부지원까지 받아가며 지금까지 잘 운영하고 있다는 소문이 들린다. 정말 장하다는 생각이 든다. 그 이유는 그런 일은 아무나 하기 힘든 일이기에….

90년 3월에는 경찰대학에서 여학생 5명을 첫 선발하였다. 그 3년 후인 93년 4월에는 국내 최초 여성파출소장이 탄생하고 배우 오정해가 영화 '서편제' 주연을 맡아 열연을 하여 수많은 관객들을 울렸다.

97년 3월부터 여성단체들은 자식들에게 부모의 성姓을 함께 쓰는 운동을 선언했고 일부 여성들은 자신의 성씨에 아버지 성과 어머니 성을 함께 넣어 사용했으며 그때부터 현대 여성들은 이름이 넉자로 된 사람이 많다.

99년 8월에는 사상 처음으로 이른 바 '황혼이혼' 소송을 낸 70대 할머니가 승소를 하였으며, 2000년 2월에는 정당법 개정으로 국회의원 비례대표 여성 30% 할당제가 도입되고, 2001년 1월에 여성부가 신설되어 초대장관에 한명숙 의원이 취임했다. 2002년 6월에는 미군장갑차에 우리 여중생 2명(효순, 미선양)이 깔려 압사당한 사건으로 세상이 몹시도 시끄러웠고 반미감정은 한층 고조되었다.

다시는 발생되지 말아야할 불행한 일이었으며 우리 국민들로서는 치욕적인 일이 아닐 수가 없다.

그 당시 나는 미군들의 만행을 준열히 항변하는 칼럼을 신문에 써내자 주한 미대사관에서 항의 전화가 신문사로 걸려오기도 하였다. 같은 해 7월에는 헌정사상 처음으로 장상 국무총리서리가 여성으로는 최초로 총리 후보로 발탁되었으나 재산증식 의혹 등의 문제로 총리 취임을 못했고, 노무현 정부 초기인 2003년 2월27일에는 현재 통합민주당 최고위원인 강금실 변호사가 최초의 여성 법무장관이 되어 전국의 검사들 인사권과 징계권을 가진 막강한 권력의 자리에 올라갔다. 자존심 강한 남성 검사들도 문제가 있을 땐 올라오라면 올라오고 내려가라면 내려가는 법무부 장관자리에 오르고 또한 그 얼마후엔 한명숙 여사가 헌정사상 최초의 국무총리 자리에 올라가고...

이때부터 이 나라 딸들의 권위와 위상은 더 달라지기 시작하였다. 그리고 그해 8월에는 전효숙 판사가 헌법재판소 여성 첫 재판관으로 임명되었고 후일 헌법재판소장으로 추천되어 인사청문회까지 갔으나, 조순형 의원이 물고 늘어진 절차상의 하자瑕疵 문제로 그만 중도 사퇴하기에 이르러 그 당사자인 전효숙 재판관으로서는 좋다가 만, 결과가 되었으며 어쩌면 그녀의 가슴에는 '천추의 한' 으로 응어리져 있을지 모른다.

원한 맺힌 사람의 가슴에 엉킨 피血는

천년을 가도 벽옥碧玉처럼 푸르리라.

는 시詩를 쓰고 요절한 중국의 옛시인 이화李賀가 생각나는 대목이다. 그런 면에서 이 나라 법치의 최후 보루인 헌법 소장실 문을 열었다 닫은 셈이 되는 전효숙 판사는 정말 아까운 '대한의 딸, 억울한 법관으로 기록될 것이며 마치 나무 위에 올려놓고 흔들어 떨어지게 한 노무현 정부의 책임이 크다. 2004년 8월에는 김영란 대법관이 영광스럽게 최초의 여성 대법관에 임명되었다. 또한 서울시장 선거에는 패배를 하였으나 통합민주당 최고위원으로 추대된 강금실 전 법무장관의 독특한 카리스마는 새 정부의 건전한 비판자로 또한 강력한 견제세력으로 떠오르고 있다. 이렇듯 한국의 근대사 속에는 똑똑한 딸들이 상당히 많이 있었는데 개중에는 이명박 정부 출범당시 돈과 재산이 너무 많아 여성부 장관 자리에 올라갔다가 낙마한 李모 여사 등 그리고 한 후보는 부동산이 너무 많다는 비난이 따르자 "나는 자연인 땅을 사랑했을 뿐 투기는 아니다" 라고 우스운 변명을 했다가 망신당한 일도 없지 않았다. 돈과 재산만 많이 있으면 안되는 게 없고 무서울 것이 없고 무조건 행복하다고 생각하는 딸들에게 그녀들은 시대적 교훈을 남기고 역사의 뒷전으로 물러갔으며 한편, 새 정부 탄생과 함께 죽음직전(?) 으로 갔던 대한민국 여성부는 여당에서 야당된 통합 민주당 덕분에 겨우 살아나고...이 나라 여성역사는 그렇게 그렇게 흘러가고 있다.

2

빨치산의 딸(?)에서 청와대 안방주인 되었던 권양숙 여사!

물가는 미친년 널뛰듯 치솟아 라면 사재기 전쟁이 나고 집값은 불안의 연속에 무주택자들의 한숨소리가 진동을 하였고 실직자는 늘어나 숱한 가정들이 붕괴되던 그때도 김해 봉하마을은 '축복받은 땅' 이 되어 젖과 꿀이 흐르는 '가나안땅' 이었을까? 참으로 안타깝고 답답했다.

2

소녀 가장들 얼마나 돌봐주고 떠났는가?

우리가 지난날 대통령을 잘못 뽑아 역사의 신神이 노 했던가? 盧전 대통령 퇴임 직전에 터진 사건, 사건들….

맑고 푸른 태안 앞바다는 검은 재앙으로 뒤덮였고 국보 제1호는 피울음 같은 불길을 토하며 사라져갔고 그 대통령 가족들이 청와대를 떠나기 일주일 전에는 정부청사에 불이 나고 아까운 국군장병 7명이 진작에 새것으로 교체했더라면 모두가 살았을 수도 있었으련만 40년간 써먹은 낡아빠진 헬기에서 떨어져 말 한 마디 못한 채 가을바람 추풍낙엽처럼 그렇게 산화를 하였다.

2월의 차디찬 바람 속에 하얀 소복을 입은 故정재훈 소령의 부인이 슬픈 군악대 연주 속에 "여보! 잘가"하며 떨리는 손을 흔들면서 떠나는 남편 운구 앞에서 터지는 눈물을 으적으적 씹던 그날, 임신 5개월된 그 부인의 처절한 그 모습을 TV화면을 바라본 이들은 자신도 모르게 흐르는 눈물을 주체할 수 없었을 그날, 필자는 이 글을 쓰면서 몇 차례나 눈을 감고 생각에 잠겼다.

국민적 시각에서 보면 '노통'은 정치력은 미숙했고 역사의식은 뒤틀렸고 고집과 오만은 헌법의 울타리를 뛰어 넘었으며 권위와 체면을 담을 그릇은 부족했다. 행동보다는 연정이다 개헌이다 함부로 말을 한, 그 입이 너무 빨라 언행에 신뢰성이 없었다. 그래서 "노무현은 이중성의 인간이다"라는 세찬 비판 속에 쓰디쓴 폭탄주를 독배毒盃처럼 마시고 역사의 뒷무대로 사라진 대한민국 제16대 대통령(노무현)의 부인, 권양숙 여사는 또 역대 대통령 부인 중 가장 불우한 성장기를 보내야 했던 '권씨 가문의 딸'이라고 볼 수 있다.

왜냐하면 그녀가 철부지 어린 소녀 시절 때는 부친의 '빨치산 활동' 이란 치욕스런 그림자가 늘 따라다녔을 수 있기 때문이며 그로 인하여 반공정신을 지닌 당시 많은 이웃과 사회로부터 엄청스런 냉소적 대접을 받았을 것이라는 유추해석이 따르기 때문에 그렇다.

물론 그런 일에 어린 딸이 무슨 잘못이 있겠으며 또한 부모의 이데올로기 사상문제가 연좌제 폐지로 자녀들 신분과는 하등의 상관이 없게 되었지만 어쨌던 세상인심 이란 것은 남을 칭찬하기보다는 약점을 꼬집어 흉을 보는 쪽에 더 많이 기울어져 있기 때문이다. 더욱이 당시 전쟁에 나가 인민군의 수류탄과 총칼에 생명을 빼앗긴 전몰장병 유가족, 팔다리가 날아간 보훈용사들, 그 피해자 장본인들이나 가족들 입장에서는 빨치산 활동에 조금이라도 가담한 자들은 모조리 총을 쏘아 죽여버리고 싶은 증오심에 치가 떨리는 분노의 감정이 따랐을 것이니 오죽했으랴… .

권 여사의 부친 행적에 대해 16대 대선 때 민주당 이인제 후보가 그런 사상문제를 폭로했고 라이벌 노무현 후보에게 공격을 하였으며, 그런 문제에 대하여 노무현 후보는 "그럼 사랑하는 아내를 버리란 말입니까?"하면서 인정을 하고 응수한 걸 보면 '설'로 떠돌던 그 부친의 빨치산 활동은 사실로 드러난 것 아닌가?

필자가 새삼스럽게 이 글을 쓰는 이유는 아버지의 그런 험난한 과거사로 인해 아무것도 모르는 어린나이 때 또래의 친구들 부모나 가족들로부터 "양숙이 가(그애)하고 놀지 마라. 가는 그런 집 딸 이란다"하는 아마도 그런 냉대(?)를 당했을 수도 있고 그로 인해 말 못할 상처를 받고 혼자 수없는 눈물을 지었을 수도 있는 그 소녀가 세찬 비바람 눈보라를 뚫고 굳세게 자라나 설중매雪中梅같은 한 떨기 아름다운 꽃으로 피어났으며 먼 훗날 4천5백만 국민의 삶을 책임진 국가 최고 통치자의 아내로서 청와대 안방 주인이 되어 한국 최고 상류층 위치의 여성 자리에 올라섰기 때문이다.

그러나 "대학을 못나온 여자가 영부인 되었다"는 빈정댐이 대학 나온 여인들 입에서 튀어나왔을 때 그 가슴이 얼마나 아팠을까? 누가 말했던 그것은 매우 방자하고 오만스런 못된 인격권 침해다. 영부인은 꼭 대학을 나와야 한다는 무슨 규정이라도 있는가, 그리고 그 시절 대학을 못 나온 게 어떻게 그 장본인의 잘못인가? 입조심들 해야 한다. 총에 맞은 상처는 잠시지만 혀에 맞은 상처는 평생을 가는 법이므로….

어쨌든 필자는 옛날로 비유하면 아무나 함부로 접근할 수 없는 구중궁궐의 '왕비'가 되었던 귀부인, 남북분단 반세기 슬픈 역사 속에 분단의 금지선을 도보로 처음 건너간 역사의 그 여주인공을 향한 아쉬움의 이야기를 좀 쓰고자 하는 것이다. 나는 결코 '지는 별'이라고 하여 뒤에서 무조건적 비방을 하는 사람도 아니며 역사의 뒷무대로 내려가는 '스타'라고 하여 야유나 욕설을 던지고자 함도 결코 아님을 밝혀둔다.

그렇지만 노무현 대통령의 퇴임 일 년여 전부터 시작된 경남 김해 진영읍 봉하리에 대통령 가족이 돌아가 살 집을 짓는데 너무 '욕심'을 부린 듯한, 그래서 지금 여기저기서 온갖 소리가 들리며 국민들의 눈살을 찌푸리게 한 사실에 그 집 안주인으로서 조금만 신중하게 생각하고 국민여론을 생각해서 욕먹지 않도록, 오해받지 않도록 검소하게 하라고 앞장서서 제동을 걸지 않고 왜 방관자 내지 동조자(?)가 되었을까 하는 아쉬움이 따르고 그것이 우리를 매우 안타깝게 하기 때문이다.

권 여사 가족들이 청와대를 떠나기 꼭 한 달 전 한 유력 일간 신문에서는 '노대통령 돌아가 살 봉하 마을세금 165억 들여 단장하고 있다.'라는 기사를 실었고, 그 며칠 뒤 또 한 신문에서는 '봉하 마을 일대에 460억 쏟아 붓는다.'라는 특집 보도를 하였다. 그런 신문들이 전국에 배포되었을 때 그리고 선배대통령 YS가 "노무현 대통령이 지금 김해 봉하 마을에 아방궁을 짓고 있다"고 비판했을 때나 그 전후로 일반 국민들의 마음이 어떠했을 것이며, 특히 그 기사를 읽어 본, 당장 생계비가 없어 발을 동동 구르며 스스로 목숨을 끊거나 서울시내까지 몰려와 시위하며 절규하던 태안주민 수만 명들, 그분들 입에서 무슨 소리가 터져 나왔을 것인가?

그리고 그런 대궐 같은 호화판 집을 지을 여유 돈이 있었다면 남편의 불순사상 문제로 무척이나 외롭고 힘들게 살았을 친정엄마를 생각해서라도 조용한 마을에 남편의 이름 끝 자인 '현'자와 자신의 이름 끝자인 '숙'자를 넣어 「현숙 요양원」이라는 집을 하나 지어 생활이 어려운 노인들의 복지시설 하나쯤 만들어 외롭고 힘든 어른들을 모셔다가 잘 보살피며 조용히 여생을 보낸 전직 대통령 부인이라는 소리가 들렸다면 얼마나 좋았을까? 그렇게 했더라면 과거 숱한 양민들 괴롭혔을 친정아버지의 반민족적 행위에 대한 국민적 원성도 잠재울 수 있고 친정 모친이나 망자의 한恨도 다소나마 달랠 수 있었을 것인데 그것이 참으로 아쉽고 안타깝다.

또한, 어떤 아첨배들이 찾아와 무슨 달콤한 말을 했어도 "아니야. 절대로 국민들로부터 비난받고 오해받을 너무 큰집을 짓거나 고약한 소문이 날, 그런 요란스런 관광마을 조성은 하지 마라. 그것이 우리가족을 조용히 살아갈 수 있게 도와주는 길"이라고 단호한 의지로 '초호화판 마을'이니 '아방궁 같은 집'이란 소리가 새어나오지 않도록 안주인으로서 제일 먼저 발벗고 앞장서서 말려야 했었는데…. 그 점이 너무 아쉽다.

'사람은 뒷모습이 아름다워야 한다.'는 평범한 진리가 생각되는 대목이다. 남편 노무현씨가 대통령이 된지 얼마 안 되어 태풍처럼 불어 닥친 소용돌이….

우리역사에 전무후무했던 '대통령 탄핵'이란 그 거센 폭풍을 막아준 인정 많은 서울 시청 앞의 촛불시위 부대들, 그 많은 군중들도 아마 지금쯤 어떤 '배신감'같은 서운한 감정을 억제하지 못하고 있을 수도 있다.

어처구니없고 기가 막힌 해양사고현장, 태안은 말할 것도 없지만 양심 썩어빠진 공직자들의 뇌물 수수로 인하여 얼마든지 막을 수 있었던 이천 물류창고 화재사건, 생각만 해도 소름끼치는 40여 생명이 불에 타서 뼛조각도 다 못 찾았다는 그 참담한 '인재살인'으로 유가족과 국민들이 분하고 원통하여 한숨짓고 눈물짓던 그 날도, 이 나라 6백 년 영욕의 세월과 역사를 안고 위용을 자랑하며 버티고 서 있던 국보 제1호인 남대문이 피를 토하듯 검붉은 연기를 토하며 불에 타서 5천만 민족의 자존심과 함께 참담하게 무너져 내려앉은 그 날도 노무현 대통령이 집권하고 있던 재임 말기 때였다.

물가는 미친년 널뛰듯 치솟고 라면 사재기에 혈안이 되었으며 집값은 불안의 연속에 무주택자들의 한숨소리가 진동을 하고 실직자는 늘어나 숱한 가정들이 붕괴되던 그때도 김해 봉하마을은 '축복받은 땅'이 되어 젖과 꿀이 흐르는 '가나안땅'이었을까? 참으로 안타깝고 답답했다. 그들 부부는 '가난'이라는 설움을 누구보다 잘 알 것이고 서민들의 아픔이 어떤 것이라는 것을 누구보다 잘 알 터인데 그것이 너무 아쉽다. 그렇다면, 부모 없는 소년소녀 가장들의 눈물은 얼마나 닦아주고 청와대를 떠났을까? 그것이 더 궁금하다.

창고 같은 집, 폐품창고를 개조하여 만든 셋집에 살면서도 국록으로 조성된 봉급을 타면 그 송구함과 고마움을 보답하기 위해 생필품을 한 차씩 싣고 제일 먼저 빈민촌으로 달려가 나누어 줄 때, 수많은 영세 주민들이 부둥켜안고 감동의 눈물을 흘렸다는 그리고 퇴임시에는 남은 예산 40억 바이트, 우리 돈으로 1천 2백억 원을 전부 반납하게 한 방콕의 잠롱 시장 부인, 세계를 주무르는 힘을 갖고 지구를 주름잡던 자리, 백악관 주인으로 살다가 고향인 조지아주 플레인스의 땅콩농장으로 돌아가 리어카를 끌고 농사짓고 평범하게 살자했다는….

그래서 농장 한 쪽에 목공소를 차려놓고 가구를 만들어 경매하여 얻은 우리 돈 90억을 한 푼도 안 쓰고 아프리카 빈민들 구호금으로 내어놓게 했다는 '지미카터' 前 미국 대통령부인 '로절린' 여사의 그런 미담이야기가 신문에 실려 나와도 코웃음으로 일관했을까? 그런 훌륭한 여인들이 그토록 세상의 존경을 받고 있는 이유를 알았을까 몰랐을까?

권양숙 여사는 국민경제가 몹시도 어려운 시기에 이 나라 퍼스트레디로서 청와대 안주인으로서 김해 봉하 마을 호화판 공사를 몸으로 막아야했고 입으로 말려야 했었다. 그 마을에 그렇게 큰돈을 들여 너무 잘 꾸미고 흙을 밟지 않고 다니는 골프장 그린필드 같은 땅이 되도록 하면, 또한 우리가 가서 살 그 집을 너무 호화롭게 지어서 국민들의 원성이 빗발치게 하면 나는 그곳에 가서 살지 않겠노라고 '엄포'라도 질러야 했었다.

그것이 최고 상류층 부인들이 제일먼저 갖추어야 할 덕목이고 겸손의 미덕이며 저소득층 국민에 대한 염치와 배려가 아니었을까?

지나친 욕심은 재앙을 부르는 법인데, 비단 그들 내외를 두고 하는 말은 아니다만 어찌하여 높은 자리에 한 번 올라가 부귀영화를 맛 본 사람들은 권력의 취기에서 깨어나지 못하는가?

그 곳이 유명한 국제적 관광지가 될지, 아니면 전설 같은 고을이 되어 기자실에 대못질 한 그 오만불손의 망치가 아방궁 같은 대문에 대못질을 하게 될지는 좀 더 두고 볼 일이지만...(이미 언론계에서 노정권 언론탄압 백서발간까지 하고있음)

"지금 이대로 개발되면 봉하 마을은 흙을 밟기가 힘들 정도로 쾌적한 생태마을로 변모할 것"이라고, 그쪽의 어느 공무원이 여우웃음을 흘려가며 기자에게 자랑삼아 던진 말….

너무 기가 막혀 더 쓰고 싶지 않은 대목에 이른다. 왜냐면, 특히 시골 땅은 되도록이면 자연생태 그대로를 살려서 숨을 쉬게 해야 하고 참흙을 밟고 살아야 사람이 건강하다는 생명운동의 기본원리도 모르는 그런 무식하기 그지없는 그 공무원의 '잔디 밟기' 아첨성에 구역질이 나서 침이라도 뱉고 싶은 사람이 어디 한둘이겠는가? 우리네 농민들이 언제부터 흙 한줌 안 밟고 푹신푹신한 잔디만 밟고 살았던가? 참으로 기가 막히고 해도 해도 너무했다는 비난의 여론이 잠들지 않을 듯싶은 그 땅에는 총 75억 원이 또 추가로 투입된단다.

75억이든 7천5백이든 그 돈은 국민의 피땀으로 조성된 세금이다. 그러므로 18대 국회는 그 봉하마을에 대해 만에 하나 국고손실의 의혹이나 불법, 편법등 부조리가 없었는지, 만일에 있었다면 가차 없는 국정조사를 실시해야하고 관련자들을 청문회장에 모두 불러세워 준엄히 추궁하고 질타해야한다.

민民을 졸卒로 본 탐관오리들이 곡간 앞의 쥐새끼들처럼, 타작마당가의 참새떼들처럼 모여앉아 너 돈이냐 내 돈이냐 아낌없이 쓰고 보자며 홍청망청 주지육림酒池肉林에다 산해진미山海珍味의 음식과 술판을 벌이면서 기생들 치맛자락 끌어 다니며 개침 흘리고 놀아날 때 바람처럼 나타난 사나이 이몽룡이가 내 갈긴 "이 상 위의 기름진 고기는 만백성의 몸뚱이요, 이 상 위에 넘치는 술은 만백성의 피 눈물 이로다"

그 일필휘지一筆揮之의 서릿발 같은 글귀 한 장으로 그 자리에 술 퍼마시며 놀아나던 탐관오리들이 마루 밑으로 기어들어가 벌벌 떨면서 바지에 생 오줌을 쌌다는 고전 '춘향전'이 주는 교훈을 가슴에 새기고 생각하자.

소녀시절 '빨치산의 딸'이니 "빨갱이집 딸"이라는 소리를 듣고 많이도 따돌림 받고, 서러워서 많이도 울었을 개연성이 농후한 불우했던 '권씨 가문의 딸' 내외도, 그리고 지난 5년간 부귀영화 무대에 때로는 조연, 때로는 주연급으로 자주 등장했던 김해 봉하 마을의 '건평대군'이란 별칭이 붙어 다니던 그 양반 가족들도 모두 함께 지난날의 '올챙이 시절'을 생각하는 개구리가 한번 되어서 말이다. 그리고 그들의 귀향길에 노대통령이 국가와 국민에게 엄청난 공이라도 세워놓고 금의환향이라도 한 듯 야단법석을 떤 친노파 사람들도…. 이는 비단 이 글을 쓰는 필자 개인 생각뿐 아니라 노전대통령의 고향마을 가꾸기에 엄청난 국가 돈이 투입된다는 사실에 대하여 육·해·공군 예비역 대령들(역전의 호국전사들)의 단체에서도 그런 돈 절반만이라도 문화재 보수관리비로 예산 편성을 하여 방화관리를 철저히 했다면 국보 제1호인 숭례문이 그렇게 참담하게 쓰러지지 않았을 것이라는 분노하고 통탄적인 성명문을 신문에다 실어낸 사실도 필자의 이 글과 맥을 같이하고 있기 때문이다.

3

역사는 '박근혜'를 '독재자의 딸'로만 평가할 것인가?

여자의 생명과도 같은 얼굴에 칼을 맞고 병원에 실려 가면서도 당황하거나 침착성을 잃지 않았던 대범한 여인!
다양한 수식어가 붙어 다니는 여류 정치인, 박근혜! 아버지뻘 되는 老정객 이회창씨가 그 추운 날 3번씩이나 집 앞에까지 찾아가 간절한 러브콜을 해도 그것은 정도正道가 아니라고 만남을 회피하고 회동을 거부했던 여장부!

3

모진 눈보라를 헤치고 자라난 보기 드문 정치거목政治巨木!

'구국의 결단' 이라는 케치프레이즈를 걸고 군사혁명을 주도하였으며 검은 선글라스를 즐겨 낀 시대의 영웅, 박정희 前 대통령의 큰딸, 어진 국모였던 육영수 여사의 딸, 박근혜 前 한나라당 대표는 이제 누가 뭐라 해도 한국 정치사에 우뚝 선 정치거목이다.

그녀가 오늘날 그토록 세인들의 존경과 사랑을 받는 '정치거목' 이 되기까지 흘려야 했던 눈물은 도대체 얼마였을 것이며

가슴 치며 토해내어야 했던 한숨은 또 얼마였을까? 10대, 20대, 그 어린 나이에 양친의 피맺힌 운명을 온몸으로 끌어안으며 통곡을 해야 했고 정치 고아가 된 두 동생을 키우는 언니로 누나로 맡아야했던 그 책임과 그 숱한 고난과 역경의 세월이 어쩌

면 그녀를 더욱 강인한 여성정치인으로 성장시켰는지도 모른다. 모진 풍파에 시달린 나무가 뿌리가 튼튼하듯….

세상 사람들은 그녀에게서 강열한 카리스마가 풍길 때는 아버지 박정희 대통령을 많이 닮았다고 말하고 온화한 미소로 손을 흔들 땐 영락없는 어머니 육영수 여사를 빼닮았다고들 말한다. 그렇듯 아버지의 강인함과 어머니의 온유함을 절반씩 이어받은 대통령의 딸, 아버지가 '독재자' 라는 비난을 받던 유신시절 그 암울했던 시대에 데모를 하다가 감옥에 끌려가 죽을 고생을 한 청년 이명박을 40여 년 뒤 유권자 절반 이상의 득표로 이 나라 역사적 대통령으로 당선시킨 장한 여인!

여자의 생명과도 같은 얼굴에 칼을 맞고 병원에 실려 가면서도 당황하거나 침착성을 잃지 않았던 대범한 여인! 다양한 수식어가 붙어 다니는 여류 정치인, 아버지뻘 되는 老정객 이회창씨가 그 추운 날 3번씩이나 집 앞에까지 찾아가 간절한 러브콜을 해도 그것은 정도正道가 아니라고 만남을 회피하고 회동을 거부했던 여장부!

박근혜 前 대표 같은 송죽 같은 신념을 지닌 여장부의 지조를 오늘날의 정치판에 물결치는 쪽으로 바람 부는 쪽으로 누워버리는 갈대와 같은 '불알찬' 한국 남정네 정치인들은 그녀의 치맛자락 앞에 무릎 꿇고 엎드려 정치철학과 신념을 배워야 하리라 본다. 떠오르는 태양이라고 승자의 앞에서 손 비비고 서 있는 해바라기 정치인들은 그 옛날 인조대왕仁祖大王시절 간신들의 모함으로 멀고도 추운 강원도 춘천 땅까지 유배 갔던 당

대의 대 선비, 상촌象村, 신흠申欽선생이 남긴 글,

오동은 천년을 가도 소리를 잃지 않고 매화는 일생을 모진 눈보라 속에 살아도 향기를 팔지 않는다」는 [桐千年 老恒藏曲이요, 梅一生寒不賣香이로다]라는 그 유명한 시조 구절을 외우고 또 외워야 하리라.

또한 그런 면에서 이명박 대통령도 과거엔 정치적 라이벌이었지만 믿음직한 정치 동지인 그녀를 '신주단지'처럼 잘 섬겨야 하리라 생각한다. 왜냐하면 지난 대선 때 이른바 이회창 부대의 '반란' 태풍에 기둥뿌리까지 휘청거리던 MB대선 캠프의 집은 박근혜라는 튼튼한 울타리가 잘 막아내어 주어서 쓰러지지 않았기에 그렇다.

만에 하나 그녀의 어떤 요구라도 다 들어 줄 수 있었던 당시의 절박한 입장에 서있던 '李노인'의 목이 타는 간절함에 마음이 흔들려 대문을 열고 미소 띤 얼굴로 그 老정객의 손을 잡고 응접을 했더라면 이 나라 역사의 물줄기는 한반도 대운하도 경부운하도 모두 청계천보다 더 좁은 실개천 쪽으로 방향이 뒤틀렸을지도 모르고 MB는 그래서 오늘의 광영을 안았기 때문이다. 그럼에도 일부 '간신'들이 그녀의 심기를 자꾸만 불편하게 건드리고 있다.

필자는 가끔씩 박 前대표의 행동에 대해 6백 50년 전 세계 역사 속에 새겨진 인물, 프랑스의 애국 전사 '잔다르크'를 연상한다. 열세 살 어린 나이에 "네가 나가서 나라를 구하라"는 신神

의 계시를 받고 군대를 이끌고 6년간 전장에 나가 적군이었던 수만 영국군을 차례로 격파한 독신녀 잔다르크! 그래서 사람들이 박근혜를 향해 '박다르크'라는 별칭을 붙였는지 모르겠다만 하여간 그녀는 보통 사람의 경지를 넘어선 대단한 위력을 지닌 여인임에 틀림없다. 우선 한 가지만 보자.

대통령 선거가 끝난 지 한 달 열흘, 매서운 눈바람이 불던 날 조금 한가한 마음으로 푹 쉬고 싶었으련만 약삭빠른 정치인들 같았으면 대선도 끝났으니 얼굴 내밀 필요 없어 가지 않았을 수도 있는 태안 바닷가에 달려가 어민들의 피멍 진 가슴과도 같은 바위에 묻은 검은 기름때를 벗겨낸 여인! 누가 그를 '독재자의 딸'이라 비난을 하고 손가락질을 할 것인가?

그녀의 가슴속엔 아마도 아버지 박정희 대통령이 자주 천명하신 '구국의 결단' 정신을 어떤 신앙처럼 섬기고 있는 듯싶다. 그 옛날 신라 땅을 지배하고 통솔한 선덕여왕처럼 이 나라 대한민국 땅을 움직일 수 있는 여인 박근혜! 그녀는 모르긴 하나 젊은 날 천하제패를 꿈꾸었고 훗날 난국을 타개하고 여왕으로 등극한 뒤 황룡사 9층탑을 세운 선덕여왕과도 흡사한 여인! 훗날 역사는 그녀를 '독재자의 딸'로 기록하지 않고 아마도 恨 맺힌 청와대로 다시 들어간 한국판 '잔다르크'로 아니면 현대판 '선덕여왕'으로 기록할지도 모른다. 몇 년 전 어느 유명 점술예언가가 머지않아 청와대는 반드시 여성이 주인이 될 것이라고 말했듯….

양친이 모두 총탄에 쓰러진 비운의 대통령 딸,

'대통령의 딸'만 아니었어도 그녀는 어쩌면 험난한 정치인의 길을 걷지 않았을지도 모른다. 아버지 시대 이른바 '한국적 민주주의시대' 에 피해를 입은 유가족들을 찾아가서 손을 잡고 심심한 위로를 하던 날 국민들은 그녀의 깨끗한 양심을 보고 읽었다.

부귀도 영화도 결혼도 모두 뒤로한 채 오로지 부친의 철학인 '구국의 결단!' 그 길을 향해 묵묵히 진군하고 있는 박근혜 前 한나라당 대표 그녀에 대해 글을 쓰다 보니 문득 육영수 여사의 생전 모습이 떠오른다.

유난히도 하얀 목련꽃을 좋아하셨다는 시골중학교 여선생님 출신 영부인. 장군의 부인이면서도 언제나 뚫어진 양말을 꿰매어 신었다는 지극히 검소했던 영부인. 가진 자보다 갖지 못한 자, 강한 자 보다는 약한 자, 성한 자 보다는 불편한 자들에게 유별나게도 사랑을 많이 베푸신 영부인. 그 어른이 문세광이란 자의 흉탄에 쓰러진 날은 하늘도 울고 땅도 울었다. 2백만 조문객들이 통탄에 빠졌고 3천5백만 국민이 모두 비탄에 잠겼었다.

그렇게 어머니의 목숨을 앗아간 북한을 생각하면 치가 떨리고 살이 떨렸으련만 35년여 세월이 흐른 후 그녀는 북한의 최고 통치자를 만나 남북관계 현안에 대하여 소신껏 대담을 나누었으니 보통 여인인가?

때론 눈물도 인정도 없는 한없이 차가워만 보였던 육군대장 출신, 그녀의 아버지 박정희 대통령도 재임 중 머나먼 독일에 가서는 돈 벌러 온 우리의 젊은 광부들과 우리 예쁜 간호사들이 흔드는 태극기를 바라보며 가난한 나라의 아들 딸 들이라 이렇게 머나먼 타국에까지 와서 이런 힘든 고생을 한다며 그들의 손을 잡고 어깨를 두드려주고 그들이 울면서 흔드는 태극기, 그들이 흐느끼면서 부르는 처연한 애국가를 듣고서는 베를린 공항에서 한참동안 하늘을 바라보며 하염없는 눈물을 흘렸고, 그래서 한강의 기적을 일으킨 경제대통령, 이 나라의 빈곤을 몰아낸 대통령의 딸, 박근혜!

양친의 비운으로 한 시절 몹시도 방황했던, 하나밖에 없는 남동생을 바로잡아 세운 큰누나, 그녀는 지금부터 5년 후 어디에 서 있을까?

'역사의 신'神은 결코 그를 버리지 않으리라. 62세 짧은 일기로 가신 아버지의 한恨! 30수년 전 어린 3남매를 두고 눈을 못 감고 저세상 가셨을 어머니의 통한을 풀어드릴 수 있는 축복의 길로, 권토중래捲土重來의 길로 하느님은 반드시 인도하시리라 그렇게 믿고 싶다.

4

在美교포의 '잘난 딸' 〈에리카 金〉과 MB는?

「나는 언제나 한국인」이라는 자서전을 낸 그녀의 출판기념회에는 유명인사 100여 명이 참석했고 MB 역시 이 자리에 참석해 그녀와 함께 축하 케이크를 잘랐다. 서른 살이던 에리카 김으로서는 대단한 일이 아닐 수 없었으며 이 장면은 KBS에 방영되기도 했다. 당시 주변에서는….

4

그녀는 왜 MB에게 가슴을 그렇게 찐하게 들이대고 사진을….

경상도 사투리 속에 여자(딸)애들이 너무 똑똑한 체 나서서 설치면 '잘난 가시나 지랄하고 있다' 는 조금은 저속한 말이 나온다.

무슨 의미일까? 국민 대부분이 이해하겠지만 지난 제17대 대선 길목에 불어 닥친 가장 거센 태풍의 주인공은 뭐니 뭐니 해도 한 재미교포의 딸이며 김경준의 누나인 〈에리카 김〉이 그런 뉘앙스를 지닌 장본인이었다고 볼 수 있다. 하지만 나는 그녀

를 '잘난 가시나' 아닌 '잘난 딸'이라고 이름 지어 이 글을 쓰는 것이다.

그녀는 정말 대담한 여인인가, 아님 욕심이 거기까지 찬 무모한 여인인가? 어쨌거나 미국에서 좋은 대학 나와서 변호사까지 된 여성이니 대단한 두뇌의 소유자임에는 틀림이 없으며 동생(김경준)과 공모결탁 하여 수천억에 가까운 거금을 주물렀으며 한나라의 대통령후보, 그 가족들과 측근들 그리고 전국의 수백만 당원들과 지지자들의 간담을 여러 차례나 서늘하게 하였으며 그로 인하여 여러 사람들에게 숱한 불면의 밤을 지새우게 한 여인이었으니 정녕 그녀는 '잘난 딸'이었고 "태풍의 눈"이었다. 그런데 그녀는 지금 회한의 눈물을 뚝뚝 흘리고 잠을 못 이루고 있으리라.

그녀의 성장과정이나 행동반경에 대해서는 그동안 신문이나 잡지에 온통 도배를 하다시피 하였으므로 생략하고 다만, 국민들에게 잘 알려지지 않은 상당히 의혹스런 부분 한 두 가지만 간추려서 쓰겠다.

첫째, 한 시절 '동맹관계'를 유지했던 그녀의 동생(BBK대표 김경준)과 MB의 만남이 지금은 비록 '악연'이 되었지만 그들의 첫 인연이 바로 화제의 그 여인, '에리카 김'에서 비롯되었다는 점에서 문제는 출발한다. MB는 지난 1994년, LA교회의 신앙 간증에 참석했다가 그녀와 처음 만난 것으로 알려지고 있다.

당시 그녀를 MB에게 소개했던 이동연 한미 신용정보 회장은 한 언론과의 인터뷰에서 당시의 정황을 밝힌바 있다.

이 회장은 "평소 교포 2세대들에게 한국의 정 · 재계 유명 인사들과 연결해 주고자 했다"며 "내가 우리 집으로 MB를 직접 모셔서 머물게 하는 등 정성을 기울였다. 그 과정에서 에리카 김과도 자연스럽게 만나게 된 것"이라 밝혔다.

이 후보는 에리카 김을 좋게 생각했고 이후 1995~1996년까지 이 회장과 에리카 김이 한국에 들어올 때마다 자주 만나 식사를 하고 노래방에도 갔다고 한다.

한국에서 그녀가 유명세를 타게 된 계기는 1995년 11월 서울 힐튼 호텔에서 열린 출판기념회를 통해서였다. 「나는 언제나 한국인」이라는 자서전을 낸 그녀의 출판기념회에는 당시 서영훈 적십자사 총재 등 유명인사 100여명이 참석했고 MB역시 이 자리에 참석해 에리카 김과 함께 축하 케이크를 잘랐다.

서른 살이던 에리카 김으로서는 대단한 일이 아닐 수 없었으며 이 장면은 KBS에 방영되기도 했다. 당시 주변에서는 MB가 에리카 김과 가깝게 지내는 것에 대해 걱정하는 목소리가 있었다고 한다.

이동연 회장은 한 인터뷰에서 "두 사람의 접촉이 좀 지나치지 않나 싶다는 걱정을 했고 누군가 '문제가 될 것 같다' 라는 얘기를 한 것도 들었다"고 밝혔다. 당시 에리카 김은 결혼한 상태였으며 현재는 이혼한 것으로 알려져 있다. 젊고 예쁜 여자와 돈 많고 명성 있는 남자와의 잦은 만남은 호사가들의 유언비어를 만들어 낼 수 있는 충분한 이야기 거리가 된다.

그래서 세상에는 그 두 사람의 관계에 대해 그렇게 구구한 억측이 난무했고 심지어 MB에게 '숨겨둔 딸'이 있다는 유언비어까지 나돌았으나 그 문제는 대선 당시 이 후보 부인 김윤옥 여사가 "딸이 있으면 어디 한번 데리고 와 봐라. 일이나 좀 시키게…" 한 여유 있는 위트, 그 지혜로운 한마디로 잠을 재울 수 있었지만 어쨌든 MB의 입장에서는 '에리카 김' 그 이름만 들어도 심한 노이로제에 시달렸을 듯싶은 그 무렵 필자는 우연하게 어느 지인이 내밀고 간 사진, 그건 외간 남자의 몸에 비록 옷은 입었지만 가슴을 바짝 부쳐 찍은 그녀의 웃음을 지닌 사진이었고 누가 봐도 두 사람의 관계를 오해할만한….

그리고 김윤옥 여사가 이 사진을 보았다면 기분이 매우 좋지 않을 수도 있는 모 유력 주간신문에 실린 사진 한 장을 접하게 된다.(사진 참조) 그 사진은 그녀의 왼쪽 젖가슴이 MB의 오른쪽 팔에 유난히도 바짝 들이대고 찍은 밀착된 사진이었다. 마치 정다운 연인처럼…. 그래서 대선 당시 MB는 더더욱 오해의 소용돌이 속에 빠졌지 않았나 싶다. 이 사진은 결코 합성한 것이 아니다. 왜냐하면 MB 뒤에는 그 부인이 찍혀 있기 때문이다. 옛날, 질투의 피바람이 불던 이씨 조선 때 같았으면 '에리카 김' 그녀는 지금쯤 '능지처참' 당했을 수도 있는 광경이다.

미국이라는 자유분방한 나라에서 자라나고 머리가 좋아 공부 잘해서 출세를 한 한국인의 딸 '에리카 김' 그녀에게서 우리가 느끼는 교훈은 역시 인간의 삶에서 '넘치는 것은 부족함만 보다 못하다'는 결론으로 귀착 되고 있으며 다시 한 번 '욕심은 재앙을 부른다'는 명언이 생각난다.

세상에 하나밖에 없는 동생은 고국의 차디찬 감옥에 있는데 그녀는 지금 LA에서 동생 댁인 올케인 이보라씨와 또 천문학적인 재산(돈) 싸움이 벌어졌다는 현지 신문기자들의 이야기가 들린다. 최근 한 신문기사다.

검찰은 이미 김씨의 누나 에리카 김과 부인 이보라(37) 씨를 지명수배한 상태다. 수사팀 관계자는 "부인 이씨도 공범이지만 부부를 모두 구속할 경우 자녀 양육에 문제가 있다는 인도적 차원의 판단에 따라 에리카 김 만 범죄인 인도를 청구키로 했다."고 설명했다. 검찰이 범죄인 인도 청구서를 작성해 한국 법무부에 보내면 법무부는 주미 한국대사관을 통해 미 국무부에 전달한다. 미국은 이 청구가 적법한 것으로 판단될 경우 에리카 김을 체포해 범죄인 인도 재판에 넘긴다.

결국 그녀는 미국 법원에서 유죄선고인 보호관찰 3년을 선고받고 6개월간 가택연금이라는 치욕적인 생활로 접어들었다.

인간의 욕심, 그 한계는 어디까지인가? 나는 이 글을 쓰면서 또 다시 이 책의 다른 페이지에 실린 '딸보다 더 효성스런 두 며느리' 기사의 주인공인 경기 화성의 청주 한씨댁 며느리, 그 고운 심성 지닌 李아무개 여선생님과 서울 강남 논현동의 일식집 〈어도〉 안주인, 천사 같은 부인, 김선미 여사를 생각하며 깊은 생각에 잠겼다. 아! 이래서 인간의 모습은 천태만상이고 구구각색이구나 하고…. 그리고 진정한 행복은 돈이 아니라 사랑과 나눔과 봉사란 것도 함께….

5

'팔불출' 되어 쓴 내 딸 서소영(글로리아) 그리고 '쌘뽈 요양원'

이런 아이를 내 딸로 주신 하느님께 진정 감사드리고 싶다. 아직 부모 속 썩인 일 한 번 없이 살아왔고 출산 문제로 3년 휴직했던 직장에서는 오히려 과장으로 특진시켜주었으며 사정상 일본으로 가게 되어 또 사직을 했어도 5년 후에 또다시 와달라고 한 직장 여성이 되었으니 무슨 자랑처럼 이 글을 쓰고 있는 나는 정말 '팔불출' 이 되었다.

5

이런 딸들에게 '고부 갈등'이란 있을 수 없으리라

나는 딸이라는 이 책을 내기 위해 다른 사람의 딸 이야기는 많이 쓰면서 나와 가장 가까운 내 딸과 며느리 이야기를 뺄 수가 없어 이 글을 쓰는 것이다. 옛말에 자식자랑과 마누라자랑은 '팔불출'이 하는 짓이라고 했지만 나는 그 팔불출보다 더한 비난을 받더라도 그런 말에 구애받지 않고, 꼭 무슨 자랑이라기 보다는 내 가족 주변에 있었던 이야기를 좀 쓰려는 것이다.

그 이유는 요즘에 가만히 보면 오로지 자기 자신 밖에 모르며 끝없는 이기주의로만 치달려가는 세상, 그에 따른 황금만능주의, 그리고 약간의 어려움이나 시험성적이 조금 떨어지고 원하던 학교에 진학을 하지 못하면 그것을 인생의 끝장으로 생각하고 자살이라는 극단의 길을 택하는 청소년들이 날로 늘어나고 있기에 자식을 키우는 부모의 입장에서 너무 안타까웠다. 그리고 지난 설 명절 때 라디오를 통해 들은 이야기지만 시누이와 올케가 부부간에 편 갈라 고스톱을 치다가 싸움이 벌어져 손가락을 깨물고 머리채를 쥐어뜯는 난리가 벌어져 경찰까지 동원되었다는 기막힌 뉴스를 듣고 놀라지 않은 부모가 있었을까? 그래서 나는 내 딸아이의 곧은 정신과 인내력, 그리고 아직껏 부모 속 한번 태워본 적이 없었으며 결혼을 하고선 시부모님의 절대적인 사랑을 받고 있는 딸아이(사진)의 바른 행실을 자랑이 아닌 한 모델로 하여 이 글을 써서 이 사회에 한 줌의 작은 빛이 되기를 바라는 것이다.

그리고 또 하나의 이유는 아직은 어린 유치원생인 나의 외손녀가 이 다음에 자라나 외할아버지가 쓴 이 책을 읽고 '그래 우리 엄마는 이런 여인이었구나. 나도 엄마의 본을 받아 친족과 이웃 간에 그리고 나를 아는 모든 이에게 언제나 사랑과 믿음과 존경을 받는 그런 마음을 갖고 살아가야겠다' 는 그런 가르침을 주기 위해서 이기도 하다.

이야기의 줄거리는 지금부터 30여 년 전으로 거슬러 올라간다. 그때 우리는 서울 노량진에 살았고 내 딸 소영이는 집 부근의 노량진 한 초등학교에 다니고 있었다. 당시의 서민들 생활상이 거의 다 그랬듯이 집집마다 대문간에 연탄재가 수 십 개씩 쌓여 있었고 마을에는 요즘처럼 어린이 놀이터 하나 변변하게 설치되지 못했던 시절이었으며, 겨울에 눈이 많이 내려 골목길이 얼어 미끄러울 때면 주로 대문간에 쌓아 두었던 연탄재를 얼어붙은 길거리에 던져 깨트려서 밟고 깔아서 길이 덜 미끄럽게 한 광경을 지금 40대 이상의 기성세대들은 모두가 기억을 할 것이다.

그러다보니 자연히 동네 개구쟁이 꼬마들에게는 이 연탄재가 유일한 장난감이 되었고 짓궂은 남자아이들은 골목 구석진 곳에 숨어 있다가 여자 아이들이 지나가면 그 연탄재를 발로 차거나 던져서 여자 아이들을 울리는 사건(?)들이 비일비재하게 발생하였던 그 시절에 있었던 이야기이다.

당시 우리 이웃에는 불행하게도 선천적으로 타고난 신체장애 남자어린이 한 아이가 가난한 제 할머니와 단칸 셋방을 얻어 살고 있었고 그 아이는 우리 딸과 초등학교 동급반 학생이었다. 두 식구의 생계를 이어가기 위해 날마다 시장에 장사하러 나가시는 그 아이 할머니는 당신의 손주가 다른 아이들처럼 건강하지 못하고 몸도 기형적이라 학교에서나 마을에서도 개구쟁이 아이들에게 항상 얻어맞고 놀림의 대상이 되는 것이 한없이 서럽고 마음이 아팠으나 먹고 살기위해 낮이면 시장으로 나가야했고 그 아이는 언제나 외로움 속에서 소외받는 생활을 하고 있던 터였다. 그런데 그 아이는 날이면 날마다 우리집 대문간에 와서 우리 집을 기웃거리며 소영이가 나오도록 기다렸으며 어떨 땐 대문간 돌계단에 앉아 긴 시간 만화책을 보기도 하였다. 그러던 어느 날 우리와 함께 살고 있던 나의 친구가 조금은 놀라운 장면을 본 모양이었으며 그 현장 목격사실을 나에게 전해주는 것이다.

"야 내가 오늘 퇴근하면서 본 일인데 자네 딸 소영이 보통 아이가 아니더라. 잘 키워라. 나 오늘 놀랬어."라고 했다.(그 친구는 훗날 국회의원이 되었다.)

처음에 나는 친구의 그 말을 듣고 혹 내 딸아이가 무슨 나쁜 일이라도 저지른 줄 알고 깜짝 놀라서 "왜 무슨 일인데?"하고 묻지 않을 수가 없었다.

친구의 설명을 들어보니, 마을 입구에서 동네 개구쟁이 꼬마들로부터 앞에서 말한 신체장애인 그 아이가 '병신새끼'라며 다른 아이들로부터 심한 놀림을 당하고 눈덩어리와 연탄재로 얻어맞고는 너무 서러워 울고 있는 그 모습을 본 우리 소영이가 장애 친구를 괴롭히는 그 사내아이들과 맞서 싸우면서 왜 불쌍한 강수를 때리느냐며 강력히 항의하고 때리려면 차라리 건강한 나를 때리라! 고 마구 대드니까 짓궂은 그 남자아이들이 모두 슬금슬금 도망을 가는데 소영이가 손수건을 꺼내어 눈물콧물로 범벅이 된 강수의 얼굴을 닦아주고 손을 잡고 데리고 오더라는 대충 그런 이야기였다.

철부지 어린아이들 세계에 흔히 있을 수 있는 이야기로 치부해 버릴 수도 있지만 나는 그때 처음으로 우리 가정에 저런 아이, 외롭고 불쌍한 친구를 잘 돌봐주고 배려할 줄 아는 마음 착한 딸을 주신 하느님께 진심으로 감사하였으며, 그 일로 하여 그 강수 할머니가 그 이야기를 당신 손주로부터 전해 들었는지 그 다음날 우리 집에 귤이랑 과자 한 봉지를 사들고 찾아 오셔서 내 아내에게 "어쩌면 저런 착한 딸을 두셨느냐고..." 손수건으로 눈물을 훔치면서 "훗날 언젠가 반드시 복 받으실 겁니다." 라는 감탄의 인사를 하고 가셨단다.

그 후로 그 아이 강수는 학교 갈 때면 언제든지 우리 집 앞에 와서 소영이를 기다렸다가 함께 학교를 갔으며 그 후 한참 뒤 우리가 다른 곳으로 이사를 하게 되었는데 자신을 그토록 보살펴주던 친구가 다른 곳으로 이사를 간다는 소식을 전해들은 그 아이는 너무도 큰 슬픔에 잠기었고 우리가 이삿짐을 차에다 싣고 떠날 때까지 저만치 골목길에서 소매로 눈물을 훔치며 하염없이 울고 있더라는 이야기이다.

30여 년의 기인 세월이 지나갔는데도 왜 나는 그 때의 그 일이 도무지 잊혀지지 않는지 알 수가 없다. 그 후 우리는 종로 경운동으로 이사를 하였으며 소영이는 서울에서 역사가 제일 깊은 교동초등학교를 다녔고 종로성당 어린이 미사에 단 하루도 빠지지 않았으며 어떤 날은 눈보라가 치고 온 대지가 꽁꽁 얼어붙은 날도 제 엄마 따라 새벽미사에 빠짐없이 참석하던 아이였다. 그 당시 우리 집이 이사를 할 때 나는 딸아이가 연필로 꾹꾹 눌러서 쓴 편지 한 장이 있어 한 구절을 우연히 보게 되었는데 그 신체장애아 친구에게 쑥스러워 전하지 못했는지 공책 속에 꽂혀있던 그 편지 속에는 이런 글귀가 담겨있었다.

강수야! 이제 우리 집은 이사를 간단다. 내가 너를 좀 더 도와주지 못하고 떠나게 되어 참 서운하구나. 강수야 절대로 바보처럼 얻어맞고 다니지 마, 그리고 공부 열심히 해서 훌륭한 사람 되어라. 세상에는 너처럼 몸이 건강하지 못한 사람 중에도 공부 열심히 하여 훌륭하게 된 사람이 상당히 많다고 하더라. 알았지? 안녕.

지금 생각하면 대충 그런 내용의 편지였는데 외롭고 불쌍한 친구에게 쓴 그 글을 읽고 아버지인 내 가슴이 찡하였던 그 일이 좀처럼 잊혀지질 않고 있다. 그 뒤 강남 대치동으로 이주를 하여 중·고·대학을 다니면서 대치동 제1성당에서 제 동생 찬우(클레멘스)와 함께 주일학교 선생을 하면서 착실한 가톨릭 신앙인으로 자라났고, 그런 덕분이었는지 훌륭한 교육자의 집안 장손이며 현재 국내 최고의 재벌기업 중견간부가 되어있는, 같은 신앙을 가진 건장한 청년, 황선환(미카엘)과 그 성당에서 수많은 사람들의 축복을 받으며 결혼식을 올렸으며, 그야말로 아들딸 낳고 남부럽지 않게 잘 살아주고 있으니 어릴 적부터 착한 마음씨를 지닌 저 아이에게 하느님께서 진정 축복을 주시는 듯싶어 마음이 더없이 흐뭇하다.

대치동성당 주일학교 교사시절 때 각별히 친숙했던 朴사비나 수녀님이 너무 좋아서였는지? 제 딸아이의 세례명도 '황사비나' 라고 지었으며 현재 그 수녀님이 봉직하고 계신 곳, 충남 논산시 교촌리에 있는 사회복지법인 '쌘뽈 요양원' 에까지 무슨 행사 때마다 온 식구가 함께 가서 성심성의를 다해 외로운 할머님들을 위한 봉사를 하고 돌아와 피곤하면서도 항상 웃음 가득하고 부부애와 가족 사랑의 샘을 솟구치게 해준다는 성당 M.E.(매리지엔카운터) 회원이 되어 늘 착하게 살아가는 내 딸 소영이의 모습을 보면 언제나 신앙심 부족한 나로서는 송구하지만 한편으로는 참으로 대견스러울 뿐이다.

쌘뽈 요양원 이야기를 쓰다 보니 문득 지난 설날(2008년 2월 7일)에 있었던 '보람된 하루'가 생각난다.

우리 가족은 그날 고향에 가서 제사를 지내는 대신, 새벽에 일어나 아침 6시 30분, 수지성당에서 조상들께 드리는 합동 위령미사를 봉헌했다. 물론 맛있는 음식을 잔뜩 차려놓고 절을 하는 유교 사상적 가정집 제사도 중요하지만 성당의 새벽미사에서 신부님의 경건하신 집전으로 조상님들과 부모님께 분향을 하면서 위령기도를 드리는 천주교 제례의식도 퍽 인상적이고 뜻이 깊은 일로 생각되었다.

우리 가족들은 위령미사를 마치고 곧바로 집으로 가서 떡국을 끓여먹고 전날 준비해 둔 요양원 할머니들께 드릴 빵 등 약간의 선물꾸러미를 차에 싣고 2시간 30분 거리에 있는 충남 논산으로 달렸다. 그곳이 앞에 말한 사회복지 법인으로 된 '쌘뽈 요양원' 이 있는 마을이기 때문이다. 평균 70~80세 이상 된 자식이 없는 무의탁 할머니들 60여 분이 모여 살고 계신 곳인데 까사비나 수녀님께서 원장수녀님 이하 다른 몇몇 수녀님들과 함께 그 할머니들을 친어머니처럼 보살피고 계시는 그 곳은 비록 호화롭진 않으나 그야말로 '사랑이 가득한 집' 이었고 의지

할 곳 없는 할머니들께는 '지상 천국의 집'이었다. 영하의 찬 기온이었으나 추운 줄도 모르고 작지만 뜻 깊은 그날 봉사의 길을 떠난 우리 가족들의 설날행사는 내 생애 중 가슴 뿌듯한 날로 오래오래 기억될 것만 같다. 진즉에 이런 봉사도 못하고 명절이면 술이나 마시고 TV나 보며 놀았던 지난 일들을 후회하면서….

우리를 식구처럼 반갑게 맞아주신 수녀님들과 여직원의 안내를 받으며 우린 각자가 맡은 일을 시작했다. 곧 일본으로 떠날 초등학생인 외손자 지호(마르첼리노)는 지난해 벌써 제 엄마와 함께 와서 일한 경험을 되살려 나에게 긴 막대걸레를 갖다 주면서 자기가 하는 대로 따라 복도 청소를 깨끗이 하라며 3층까지 나를 안내했고, 그 모습을 바라보신 휠체어 탄 할머니 한 분은 어린 지호를 향해 뉘 집 아이인지 참 착하고 기특하다면서 혀를 차시면서 한참 동안이나 바라보고 계셨다.

아들 찬우는 사진작가(롯데관광, 해외초대작가 경력)의 솜씨를 발휘하여 그 많은 할머니들의 한복 입은 모습을 한 장 한 장 정성껏 찍어드리며 이다음에 영정사진으로 쓰시라고 촬영을 하였으며, 내 아내 이원진(스텔라)은 며느리 김경령(크리스티나)을 데리고 주방으로 가서 앞치마를 입고 수녀님들과 함께 그릇닦이와 식사준비며 과일 깎기 등의 일을 도와드렸다.

그렇게 우리는 각자 맡은 일을 끝내고 수녀님들과 할머니들과 함께 점심식사를 하는데 그렇게 밥맛이 좋을 수가 없었다. 오락시간에는 머리가 백발이며 허리가 굽어진 할머니들도 세

배 오는 친척도 없는 이 날의 외로움을 잊어버리려는 듯 수녀님이 치시는 장고소리에 덩실덩실 춤을 추셨고, 우리 가족이 함께 부른 '기다리는 마음' 노래 소리에 눈물이 그렁그렁 하시며 아낌없는 박수를 보내주셨다.

아무튼 나는 그날 그곳에서 사회의 그 누구에게도 못지않는 귀한 집 딸들로 태어나 열심히 공부하고 심지어 외국유학까지 마친 높은 학벌을 지니고 사회의 어떤 대학에 가서 강의를 해도 손색이 없을 수녀님들께서 부귀도 영화도 모두 뒤로 한 채 오직 자기희생적 봉사와 사랑으로 이런 외진 곳 어쩌면 사회와 많이 동떨어진 곳에서 몇 년씩 외롭고 힘든 노환의 할머니들께 때로는 밥까지 떠먹여 드리는 '살아있는 천사들' 인 수녀님들의 수도생활을 보면서 많은 생각에 잠겼다.

그리고 잠시 쉬는 틈에 한 할머니에게 물었다. 이곳이 외롭고 불편하시지 않느냐고 그러자 할머니는 "아닙니다 수녀님들이 너무 잘해주셔서 정말 행복해요."라며 활짝 웃으셨다.

더 이상 무슨 말이 필요하겠는가? 그러면서 우리 가족들의 설날 하루 봉사 이것은 이곳의 수녀님들에 비하면 시멘트 벽돌 한 장중 작은 모래 몇 알의 가치에 불과한 미천함을 생각했다.

오후에 그곳을 떠나면서 나는 요양원 안의 작은 성당에 혼자 들어가 성호를 긋고 조용히 묵상기도를 바쳤다. 젊은 날엔 모두가 귀한 집 딸들로 아름답고 행복한 꿈을 안고 사셨을 이곳에 계신 모든 할머니들과 저 어른들을 친어머니처럼 정성껏 보살피고 계신 수녀님들의 건강을 빌며 일 년에 단 한번이라도 우리 가족들이 오늘처럼 이곳에 와서 작은 봉사라도 할 수 있게 해달라고 기도를 하니 공연히 콧날이 찡-해오고 있었다.

귀경길에는 다소의 교통체증이 있긴 했어도 그래도 식구 모두가 큰 보람을 느끼며 기쁜 표정들이라 나는 한 가정의 가장家長으로서 적지 않은 행복감을 맛보았다.

특히 모처럼의 긴 연휴에 친정 갈 욕심도 버리고 많은 젊은 이들이 이런 연휴 때면 흔히들 해외 관광여행에 정신들이 팔려 신랑들을 조른다는 이 시대에, 시부모의 뜻에 기꺼이 따라준 며느리가 자신의 피로는 뒤로 하고 환한 얼굴로 "어머니 고생 많으셨지요?" 하면서 제 시어머니의 어깨를 주물러 드리는 사돈댁의 귀한 딸, 내 며느리의 효성스런 모습을 보면서 콧등이 찡해 옴을 느꼈다. 저런 심성 착한 딸을 길러서 우리 가정에 시집 보내주신 내 사돈댁에 감사를 드리며 저런 착한 며느리가 있는 한 우리 집안의 미래가 결코 어둡지 않으리란 흐뭇한 생각도 함께 들었다.

필자의 이 글을 읽으실 전국의 독자 분들 중에 혹 '쌘뽈 요양원'에 후원금이나 봉사활동을 해주실 분들이 계신다면 그분들을 위하여 다음과 같이 요양원의 홈페이지와 이메일 등을 안내 해드린다.

- **전화** : (041) 741-4045, 9901
- **홈페이지** : http://www.spyoyangwon.org
- E-Mail : spsp1977@hanmail.net

여기서 다시 내 딸아이의 이야기로 넘어가야겠다. 어릴 적부터 독실한 신앙심을 가지고 그렇게 자라난 내 딸은 결혼을 얼마 앞두고 다니던 직장을 그만두게 되었는데 퇴직하는 날, 날씨가 몹시도 추웠으며 그 때 마지막 받은 봉급 일부를 떼어서 다니던 직장의 청소부 아줌마들에게 손시려울 때 고무장갑 속에 넣어서 쓰시라고 면장갑 몇 뭉치를 아무도 모르게 선물하고 왔다는….

가진 자보다 갖지 못한 사람에게 사랑을 베푼 그 이야기를 제 엄마로부터 전해 듣고는 마음이 흐뭇했던 일이며, 그 뒤 그 적은 성의를 잊지 않고 그 순수하고 착한 마음을 잊지 못해 그 아이 결혼식 하객으로 찾아오신 그 아줌마들…, 이런 소박하고 아름다운 이야기를 어느 방송작가가 가정드라마 대본으로 잘 써내어 방영이 되어, 날로 각박해 져가고 있는 이 세상에 작은 것의 소중함을 일깨워 잔잔한 감동을 던져주었으면 좋겠다는 생각을 한 적도 있었다.

지금 생각하면 내 딸아이가 그렇게 올곧게 자라나 시댁 어른들과 여러 사람들로부터 각별한 사랑을 받고 살아갈 수 있는 것은 제 친정엄마의 매섭고 엄격한, 그러면서도 지극한 사랑과 신앙심으로 가르치고 키운 가정교육의 덕분이 아닌가 싶기도 하다. 오래전 우리가 신혼 셋방 살 때 집 주인들이 우리가 이사를 갈 때면 그 이별이 너무 아쉬워 돌아서서 눈물을 훔친 집주인과 이웃아줌마들….

30년이 지나도 대부분이 연락을 끊지 않고 살아가며 성당의 대녀만도 열 명인가를 거느리며 친딸처럼 정을 나누고 있는 제 엄마의 처신은 언제나 우리 가정을 든든하게 버티게 해준 큰 힘이 되었으며 어릴 적부터 같이 공부하며 자란 50여 년이 넘도록 각별한 정을 나누는 친구 이인순李仁順씨는 어느 날 "나는 만일에 소영이 엄마가 몸이 아파 누워 타인의 장기를 받아 이식하여 나을 수 있다면 나는 나의 장기를 제일 먼저 아낌없이 그 친구에게 떼어내 줄 것이다."라며 항상 몸이 약해 고생하는 친구를 진심어린 우정으로 위로하더라는 아내의 눈물 글썽거리며 한 감동의 말을 듣고 가슴이 찡 하였다.

그러면서 소영이도 제 엄마처럼 주변에 그렇게 진실하고 마음 착한 친구를 두어 언제나 정답게 살아주고 또한 외손녀 황지우도 제 엄마, 그리고 제 외할머니의 천년바위 같은 신앙정신과 따스한 인간미를 대대로 이어갔으면 얼마나 좋을까 싶다.

지난 가을 어느 날, 수원에 계시는 팔순의 외할머니를 제 차에 태워 모시고 단풍이 곱게 물든 에버랜드 주변을 장시간 구경시켜드리고 할머니 입맛에 맞는 음식을 골라 외식을 시켜드리면서

"할머니 건강하세요. 구경 자주자주 시켜드리고 맛있는 것 많이 사드릴게요."

하며 외손녀로서 극진한 효성을 바친다는 제 엄마 이야기를 전해 듣고는 애비로서 대리만족 같은 그런 흐뭇함을 느끼면서 정말이지 효도는 누가 시킨다고 되는 것이 아니고 스스로 우러나야 되는 것이로구나 싶었다. 그런데 얼마 전 그 딸아이가 제

남편 직장 따라 5년간 일본으로 가서 살게 되었다는 전화를 받던 날 제 엄마는 그 전화를 받고는 그만 울음을 터트리며 "여보, 저것들 보내고 난 어떻게 살아요" 하면서 어깨가 흔들리도록 울었다.

난 그래서 이제 며칠 후 비행기를 타고 저 아이들이 일본으로 막상 떠나는 날 김포 국제공항 한 켠에서는 이별의 아쉬움에 또 한 차례 눈물바다가 이루어질 일을 생각하니 기가 막힌다. 그것이 부모 자식 간에 묶여있는 끈끈한 핏줄의 정이겠지만...

또 지난 설 명절 바로 열흘 전에는 이제 일본으로 가면 자주 뵙지 못하는 게 마음에 걸렸던지 친정엄마와 시어머님을 제 차에 함께 모시고 멀리 강원도 양양의 바닷가에 새로 지었다는 조용한 호텔로 모시고 가서 눈꽃 관광이며 온천도 시켜드리고 싱싱한 생선회도 사드리고 저는 아이들 데리고 옆방에 투숙하고는 사돈 간인 두 어머니를 한 방에다 다정하고 편안하게 친자매처럼 이틀이나 주무시게 했다는 이야기를 전해 듣고 나는 또 한 번 감동을 하지 않을 수가 없었다.

흔히들 남편이 외국에 나가고 나면 마치 '해방된 민족' 처럼 동창들과 어울려 놀러 다니며 수다나 떨 그 나이에, 누가 시키지 않아도 스스로 양가부모에게 지극정성으로 효성을 다하여 시어머님으로부터 며느리이기 전에 친딸보다 더 사랑받고 살아가는 내 딸아이의 앞날에 늘 하느님의 축복이 있기를 기원하면서 詩 한 수를 적어 보았다.

행복 피血 토하는 모태에서

생명을 건 산고의 비명을 안고

고고한 울음소리로

피어난 꽃송이, 그게 자라나

또 예쁜 엄마 꽃이 되고 눈물 섞어 젖을 빨던 그 고운 자태

아, 그건 한 마리 '꿈속의 새'였나

생명의 둥지에 핏줄무늬 하나 새겨두고

넌 어디로 날아가는가? 그 이름 딸!

부모는 떨어진 네 깃털 하나잡고 눈시울을 붉힌다

6

李대통령의 세 딸(3公主)에게 보내는 특별 메시지

이제 영부인이 되신 그녀들의 친정어머니께서는 선거전후로 언론을 통해 얼굴이 너무 많이 알려져 함부로 재래시장 바닥 같은 곳을 누빌 수도 없고 전철이나 시내버스를 타고 다니며 서민들의 애환을 살필 수도 없으므로 과거 육영수여사같이 전 국민들에 존경받을 청와대 야당으로 남게 하시고 얼굴 많이 알려지지 않은 '3공주'들이 초호화판 백화점보다는 가끔은 장바구니 들고 남대문시장과 동대문시장이나 비린내 풍기는 농·수산물 시장에도 나가보고 민생의 현장, 그 바닥 민심을 자주 체크하여 대통령인 아버지께서 수시로 전달을 받으시도록 하고 또한 최고급 승용차만 타고 다니지 말고….

6

친정아버지, 훌륭한 대통령 되시도록 멋진 '도우미'들이 되기를

집권 최후까지 기자실에 대못질을 한, 그리고 600년 수도 서울의 관문인 국보 제1호 숭례문이 불에 타버린 참으로 안타깝고 어처구니없던 한 시대를 마감하고 이제 새로운 역사의 문이 활짝 열렸다. 신 권력 M.B호는 한반도 대운하의 청사진을 펴들고 거창한 엔진소리를 토하며 시동을 걸었으며 국민들은 다소의 실망도 따랐지만 그래도 희망이라는 꿈을 안고 새 역사를 맞이했고 한껏 기대감에 부풀어있다.

그래서 필자는 새 정부 새 대통령의 가족 중에서도, 아군끼리 마치 진흙탕의 개싸움 같은 경선을 할 때며 미국에서 엄청난 위력의 '폭탄(?)'을 안고 웃으며 돌아온 김경준의 귀국 때, 그리고 그의 처와 누나가 미국에서 기자회견을 할 때, 또한 자폭 수류탄과도 같은 BBK동영상 사건이 터졌을 때, 이 세상 어느 집 딸들보다 많은 불면의 밤을 지새우며 가슴에 북소리가 많이도 울렸을 이명박 대통령의 세 딸들에게 이 특별메시지를 전하고자 한다.

하필이면 왜 그 딸, 세 자매를 향해 이 글을 쓰는가?

그것은 이 책의 제목 「딸」이 주는 뜻과 부합되기 때문이며 또한 그녀들은 아무나 함부로 누릴 수 없는 한국최고 상류층집 딸로 태어났고 그리고 이제 이 세상에 무엇 하나 부러울 것도 두려울 것도 없는 이 나라 최고 권력층인 대통령 딸들이 되었기 때문이다. 부모 잘 만나 남들은 함부로 갈 수 없는 세계적인 명성이 높은 미국 줄리아드음대와 서울대 미대를 나온 최고 엘리트들, 이름하여 현대판 '3공주' 그들이 더 올라가고 싶은 곳이 있다면 어디일까? 그중에 한 딸은 장모 생일 때 일천만원짜리 명품 핸드백을 선물할 정도의 재력을 지닌 남편을 두었으니 더 이상 무엇이 두렵고 무엇이 부럽겠는가?

하지만 문제는 지금부터다. 지금까지 아무것도 부러울 것도 두려울 것도 없던 해방된 그런 자유와 풍요의 삶에서 완전 다른 삶, 말하자면 이제 무엇보다 민심民心을 두려워해야 할 그런 조심스런 위치에 올랐다는 점이다. 그건 물론 아무나 지닐 수 없는 '유명세'에 속하는 행복에 겨운 두려움일수 있겠지만 그들은 세상의 물정을 좀 이해할 세대들이고 공부를 많이 한 지성인 들이라 나는 그들의 아버지와 동 세대의 한사람으로 또한 작가이기 전에 국민의 한 사람 자격으로 이 글을 쓰는 것이다.

이제 그들은 기쁨과 흥분을 가라앉히고 지금껏 최고 최상의 눈높이의 삶, 그 반대편인 보통사람들의 삶에다 눈높이를 맞추어 '못 살겠다 갈아보자!' 하는 심정으로 그들 부친에게 몰표를 던진 민중들, 말하자면 우리 사회 저변에 있는 사람들은 과연 어떤 아픔과 어떤 고통스런 삶을 살아가고 있는지를 잘 살피고 잘 들어서 머리와 가슴에 녹화를 하여서 아버지이신 대통령께 직·간접 진언을 잘 드려 국민이 잘 살 수 있게 정치를 하시도록 사랑스런 딸들로서 많이 도와 드리라는 것이다. 특히 선거 때 부친께서 공식선언하신 '전 재산 국가헌납' 그 대국민 약속이 성실히 이행될 수 있도록 피상속자들의 입장에서 욕심 부리지 말고 앞장을 서야 국민들로부터 더욱더 큰 사랑과 신뢰를 받을 수 있을 것이다. 왜냐하면 지금 시중에서는 과연 이명박 대통령이 그 약속을 100% 이행할 것인지에 대한 의구심이 상당히 깔려있기 때문이고 세 딸들의 마음비우기는 나라와 국민에게는 충성이 되고 그리고 국정최고 책임자 되신 아버지께는 진정한 효성이 될 수 있기 때문이다.

우리의 속설에 "딸은 친정에서 얻어가고도 더 갖고 갈 것이 없나하고 살피는 도둑들"이라는 말이 있기에 부언 해두는 것이다.

또 하나 명심할 것은 이제 영부인 되신 친정어머니께서는 선거전후로 언론을 통해 얼굴이 너무 많이 알려져 함부로 재래시장 바닥 같은 곳을 누빌 수도 없고 전철이나 시내버스를 타고 다니며 서민들의 애환을 자주 살필 수도 없으므로 과거 육영수 여사같이 전 국민들에 존경받을 청와대 야당으로 남게 하시고 얼굴 많이 알려지지 않은 '3공주'들이 초호화판 백화점 보다는 가끔은 장바구니 들고 남대문시장과 동대문시장이나 비린내 풍기는 농·수산물 시장에도 나가보고 민생의 현장, 그 바닥 민심을 자주 체크하여 대통령인 아버지께서 수시로 전달을 받으시도록 하고 또한 최고급 승용차만 타고 다니지 말고 때론 경호원 따돌려버리고 가끔은 영업용 택시를 타고서 운전기사 아저씨들과 대화를 하여 사회 저변에서만 느낄 수 있는 이른바 체감경기에 따른 민심을 친정집 청와대안방에 바로 전달하는 통신원역을 잘하여 가난에 울고 있는 저소득층 서민들의 눈물을 닦아주는 그런 정치를 하시도록 했으면 싶다.

정치 지도자에게 민의民意는 피와 같은 것이기에 민의를 잃어버리면 아무리 좋은 정책을 구상해도 자칫하면 일장춘몽一場春夢이 될 수 있기에 하는 말이다. 그래야만 아버지 이명박 대통령도 프랑스 역사를 확 바꾸어 세계인의 주목을 받고 있는 「사르코지」 대통령 같은 그런 훌륭한 대통령으로 부상할 수 있고 역사에 남을 대통령으로 기록될 수 있겠기에 해두는 말이다.

또한 세 딸들은 비록 출가외인이라지만 나이 어린 남동생보다는 판단력이 빠르겠기에 언제나 집권 초기에 가장 많이 권력을 향해 날아드는 마치 불빛을 향해 몰려드는 '부나비' 같은 간신 모리배들과 사리私利 사욕私慾에 설치는 친·인척 등 그런 사람들을 예리한 시각으로 냉정하게 정리하고 차단하는 냉철한 초병哨兵들이 되기를 바란다. 그건 권력이라면 사족을 못쓰는 무리들 대개가 대통령의 가족이나 친인척을 통해 돈 보따리를 싸들고 접근을 하여 인사특혜나 각종 이권을 따내려는 그런 습성을 지니고 있기 때문이며 우리는 과거 역사를 통해 그런 꼴을 많이도 보아왔기에 또다시 그런 불미스런 역사가 되풀이 되지 않기를 바라기 때문이다.

그리고 혹여나 대통령의 세 딸들도 그런 자들의 올가미에 걸려들지 않기를 바란다. 역대 대통령들이 가장 골머리를 앓았던 사건들 거의가 가족과 친지들, 말하자면 가장 가까운 측근들과 천문학적인 돈과 관련이 되어있었기 때문이며 돈과 권력은 때로는 인간의 본래심성을 파멸하는 마약이나 쥐약과도 같은 독소가 들어있기에 해두는 말이다.

또한 권력의 취기는 자칫 오만과 무소불위로 이어지기 쉽기 때문이며 동서고금의 역사를 보면 권력의 주변이 그 권력에 도취하면 그에 떠받쳐있는 최고 권력도 곤두박질칠 수 있으므로 아버지인 李대통령이 소망교회에서 토로한 "기쁨은 잠시 걱정은 태산"이란 말씀을 주변의 모든 이들은 가슴에 새기고 또 새겨야 할 것이다.

더욱이 그 딸들이 아버지 대통령께 전하는 민심은 정부의 공식기구인 청와대 민정 비서실보다 훨씬 더 가깝고 더 튼실한 '핏줄'이라는 통신망으로 여과 없이 전달되는 생중계와 같은 효력이 있을 수 있고 경호상의 문제 등으로 외부 세계와의 대화가 많이 단절된 아버지 어머니에게 가장 빠르고 편하게 접근할 수 있는 생생한 정보의 전달자이며 충성과 불충을 의심할 필요가 없는 최고 믿을 수 있는 심복이기 때문이다.

그래서 부친께서 역사상 최초로 국민 절반의 지지를 받은 대통령으로서 손색이 없는 직무수행을 하여 청사에 길이 빛나는 세종대왕 같은 이미지로 또한 세계적 존경을 받는 링컨 대통령 같은 위대한 업적을 남기는 대통령이 되도록 하는 그런 도우미의 딸들이 되기를 바란다. 그래서 민중들 삶의 현장 여기저기서 아! 이번에는 정말 대통령 참 잘 뽑았다는 소리와 함께 이 대통령은 딸들도 참 잘 키웠더라는 소문이 한강에서 낙동강 그리고 섬진강변까지 울려 퍼지도록 했으면 좋겠다.

故육영수 여사가 전 국민들께 존경받은 이유는 나환자 같은 사회적 약자들인 소외 계층 사람들과 거리낌 없는 악수와 대화를 나누었고 불우한 이웃을 내 가족처럼 돌봤으며 힘없는 노인들을 내 부모처럼 섬긴 그런 덕성이 있었기 때문이다.

그런 어머니의 현명하신 인품을 보고 자란 딸(박근혜)이기에 오늘날 국민적 신뢰와 사랑을 받고 차기 대통령 일 순위(?)의 위치까지 올라선 훌륭한 여류 정치인이 되었는지 모른다.

평소 심성들이 착하다고 소문난 이명박 대통령의 세 딸들은 필자의 이 글을 잘 읽고 양친께 다른 참모와 비서 이상의 '도우미' 들이 되어서 청년시절 감옥살이 등 파란만장했던 아버지를 정말 위대한 대통령으로, 그리고 어머니 김윤옥 여사를 제2의 육영수여사가 되시게 하여 그분 이후로는 듣기 힘들었던 나라의 어머니라는 뜻인 국모國母라는 존칭이 그녀들 친정 엄마에게서 다시 살아날 수 있게 되기를 기원해본다.

헐벗고 굶주린 민중들이 왕궁 앞에까지 몰려가서 배고파 못 살겠다며 시위를 벌여도 "바보 같은 인간들! 먹을 양식이 없으면 이런 케익이라도 먹으면 되지." 하면서 오만과 안하무인에 쌓여있던 루이 16세 때 '마리 앙트와네트'와 그 딸들, 구두만 무려 3천 켤레나 되었다는 필리핀의 '이멜다'는 말할 필요도 없고 대기업 회장 부인들 차례로 청와대 안방에 불러들여 경쟁적 헌금을 하도록 유도하여 수천억씩 긁어모았다는 소문이 파다했던 장군의 부인들! 권세가 하늘을 찌른 '청와대 안주인들' 그런 여인들의 삶은 절대 권력이라는 힘의 벽에 가려 신음하는 민심民心을 철저히 외면했기 때문이 아닌가! 거듭 말하지만 절대권력 주변에는 언제나 절대부패가 따르기에 해두는 말이다.

자손들 잘 되라고 평생 동안 새벽기도를 끊임없이 바쳤다는 가난했던 포항할머니 그 손녀들인 대통령의 세 딸들, 부모 잘 만나 고생모르고 자랐을 그 세 자매에게 필자가 거듭 당부하고 싶은 것은 절대로 겸손을 잃어버리지 않는 대통령의 딸들로 국민들의 마음속에 오래 기억되기 바란다.

가령 어느 불우시설에 익명의 독지가가 성금을 내어놓고 갔는데 나중에 알고 보니 그 성금의 주인공이 대통령의 딸들이었다는 사실이 밝혀지면 세상의 상류층 가족들 마음도 조금씩 달라지지 않을까 싶기에 하는 말이며, 따라서 권력은 영원하지 않다는 '권불십년權不十年'이나 붉은색 열흘 넘기는 꽃이 없다는 '화무십일홍花無十日紅'이 주는 교훈처럼 대통령의 임기 5년, 그건 결코 영원한 것이 아니기 때문에 그렇다.

엉뚱한 제언을 한 가지 더 한다면 이들 '3공주' 들은 삼국유사에 등장하는 선화공주가 대제국 백제를 꿈꾸며 이명박 대통령처럼 불우한 청소년기를 보낸 사랑하는 무왕 서동薯童의 훌륭한 통치기반을 위해 백성의 목소리를 자주 경청한 여인, 요즘 말로 하면 멋진 '킹메이커'가 된 그 선화공주의 영민함을 본받아 이 나라의 사회발전과 경제부흥에 활력을 되찾을 수 있는 새 정부 새 정치에 일조를 하는, 착하고 예쁜 도우미와 같은 그런 '대통령 딸들'이 되어주길 바란다.

그들 세 자매의 부친인 李대통령은 언젠가 불교계 강연에서 '하심' (下心 = 나를 낮추고 남을 높인다는 뜻)이란 말을 하였다. 역대 대통령들의 입에서 들을 수 없었던 지극한 겸손의 소리였고 이는 마치 세종대왕께서 하신 말씀 '백성 한 사람 한 사람을 하늘처럼 섬겨라' 는 말씀과 같다.

따라서 필자는 대통령의 말씀 '하심'下心에서 한마디 더 붙은 휘호揮毫 하나를 청와대 가족, 특히 '3공주'들에게 선물하고자 한다. 「고신하심」高身下心이라는 휘호를….

7

이 시대의 딸들이여!
물은 환원수를 먹고, 자궁엔 불을 지펴라!!

그 옛날 그 가난의 질곡 속에서도 평균 아이를 7 ~ 8명씩 낳아 기르신 대다수의 농촌 부인들이 다 그랬지만 그 분들은 언제나 뜨끈뜨끈한 황토 구들방에서 잠을 자고 부엌에서 일할 때면 하루 종일 다리를 벌리고 장작불을 때어 음식을 만들었기 때문에 하체가 언제나 뜨거웠고 미니스커트를 즐겨 입는 요즘 여성들이 겪고 있는 냉·대하증을 비롯하여 불임증이나 자궁근종 등 각종 고질적인 질환이 거의 없었다는 게 많은 의학자들이나 유명한 민중의술인 들도 그게 바로 원적외선 효과라고 주장하고 있으며 실제 체험자들의 증언이다. 딸들이여! 물은 반드시 환원수를 먹고 하체는 불을 지피시라.

7

여성 건강에 관한 이야기를 좀 쓰고 싶다

인간은 누구나 무병장수 하고픈 본능적인 욕망을 지니고 있다. 그런데 젊고 싱싱한 나이 때는 건강문제를 별로 생각하지 않고 살아가는 게 현실이다. 젊음과 건강에 대한 자만심 때문에 그렇겠지만 그러나 차츰 나이가 들고 그러다 중·장년이란 생의 고비가 오면 온갖 질병이 인체의 여기저기에 침투하기 시작하고 어느 날 갑자기 '이상'이 나타나 그때부터 병원이나 약국 신세를 지게 되는 경우가 많다. 그제서야 비로소 자신이나 가족의 건강에 대해서 많은 생각을 하게 되고 왜 평소에 건강관리를 잘 못했는가 싶어 후회도 하게 된다.

그래서 필자는 내 어릴 적 할머니 어머니들의 원시적(?)인 건강비법, 그리고 죽음직전까지 갔던 내 아내의 고혈압과 당뇨치료에 따른 기적 같은 이야기를 조금 써서 가족의 건강을 챙기고 있는 이 땅의 모든 딸들에게 가장 손쉽고 가장 경제적인 건강법을 좀 소개 하려한다. 돌이켜보면 지금 50대 이상의 사람들이 거의 다 겪은 '보릿고개'라는 말을 신세대들은 잘 이해 못할 것이다. 한마디로 춥고 배고팠던 시절의 이야기다. 농경시대 서민 출신 치고 이 보릿고개의 설움을 못 느끼고 살았다면 그 사람은 상당한 부잣집 자녀들이다.

지난해 가을 농사에서 거두어들인 양식이 이듬해 이른 봄이면 대개의 농가에는 양식이 거의 다 바닥나게 되며 그때가 되면 기댈 수 있는 유일한 양식은 겨울동안 차디찬 눈보라와 얼음덩이를 이고 자란 '보리'라는 농작물이다. 보리는 그래서 우리민족의 생명이고 역사이며 눈물겨운 추억의 양식이다. 보리밥에 열무김치, 거기다가 된장 한 숫갈 얹어 쓱쓱 비벼먹고 시원한 샘물 한 사발 마시면 경주 최 부자도 고관대작도 안 부럽다는 보리밥, 그러나 보리쌀의 수확은 빨라도 5~6월이 되어야 하는데 비축된 양식은 1~2월이면 거의 끝이다. 그래서 그때부터 식량비상이 걸리고 보리농사를 거두어들일 때까지 그야말로 초근목피로 생계를 꾸려가던 그 서너 달이 바로 눈물겨운 '보릿고개'가 된 것이다. 보리가 익을 때까지 참고 기다리며

10여 명의 대가족들이 넘어가야 할 험준한 생존의 고개….

그러나 이제 그런 춥고 배고픈 이야기는 하나의 전설이 되고 오히려 '영양풍부'와 '비만경종' 시대에 살고 다이어트라는 신종 건강용어가 있으니 어쩌면 다행(?)이라고나 해야 할까?

어쨌든 그 보릿고개를 힘겹게 넘고 살아온 가난한 농촌 출신인 나는 어릴 적 보리밥과 맑고 깨끗한 샘물을 먹고 자라나서 그런지 여태껏 소화불량 한 번 없었고 무슨 질환 등과는 거리가 좀 멀었으며 지금껏 두주불사이며 왕성한 집필도 할 수 있었다고 생각된다.

그 옛날 그 가난의 질곡 속에서도 평균 아이를 7~8명씩 낳아 기르신 대다수의 농촌 부인들이 다 그랬지만 그 분들은 언제나 뜨끈뜨끈한 황토 구들방에서 잠을 자고 부엌에서 일할 때면 하루 종일 다리를 벌리고 장작불을 때어 음식을 만들었기 때문에 하체가 언제나 뜨거웠고 미니스커트를 즐겨 입는 요즘 여성들이 겪고 있는 냉·대하증을 비롯하여 불임증이나 자궁근종 등 각종 고질적인 질환이 거의 없었다는 게 많은 의학자들이나 유명한 민중의술인 들도 그게 바로 원적외선 효과라고 주장하고 있으며 실제 체험자들의 증언이다.

그러고 보면 최근 부인병 전문치료기를 만들어 내고 있는 어느 의료기회사의 "자궁에 불을 지펴라"는 광고 문안은 어떤 카피라이터가 지은 문구인지 상당히 자극적이면서도 과학적인 기발한 아이디어 같다.

다시 한 번 강조한다. 딸들이여!

건강을 지키려거든 두 가지의 중요한 사실, 물은 반드시 알칼리 환원수를 먹고 하체는 언제나 자궁에 불을 지피는 그런 정성으로 따뜻하게 하시라. 이 세상에 건강보다 중요한 것이 또 있겠는가 안 좋은 물을 먹은 산모의 자궁 속 양수가 오염되어 큰 충격을 주었다는 외신 보도사실을 명심하고….

얼마 전 한 신문에서도 미니스커트를 입은 여성과 평소 바지를 많이 입는 여성의 건강비교분석 기사가 실렸더라만 겨울에 주로 바지를 입은 여성들이 체온이 잘 유지되어 훨씬 건강하다는 결과가 나왔으니 여성의 하체는 누가 말해도 따뜻하게 잘 보존 하도록 해야 할 것 같다.

아무튼 이제 우리 가족이 체험한 본론을 이야기하고자 한다. 도시에서 태어나 어릴 때부터 보리밥은 구경도 잘 못하며 하얀 쌀밥에 고기반찬만 주로 먹고 수돗물만 먹고 자랐다는 내 아내는 40대 후반부터 병원과 약국의 단골손님이 되어 버렸으니 참 기이한 일이 아닐 수 없다.

그러다가 아내는 원인 모르게 5년 전, 당뇨병으로 그것도 처음엔 저혈당에서 나중엔 고혈당으로, 위험한 중증환자로 쓰러져 유명병원을 다녀 봐도 호전이 되질 않아 고심하던 중 누가 소개해준 당뇨 전문치료의원으로 소문난 서울 양재동 최의원에 입원까지 하게 되고 그때가 아들의 결혼 날짜까지 받아둔 때였으니 기가 막혔다.

아내는 잠을 이룰 수 없는 번민을 하면서 새벽마다 묵주에

땀이 배이도록 성모님께 기도를 바쳤고 의사에게 매달려 "선생님 제발 저 좀 살려 주세요 우리 아들 결혼해서 잘 사는 것 보고 갈 수 있도록..." 하면서 눈물로 호소하던 애절하던 그 모습이 지금껏 내 가슴에 아프게 새겨져 있다.

그래서 그 병원에서 권유한 휴대폰 크기의 'DANA'라는 꽤나 비싼 인공 췌장기(인슐린자동주입기)를 한복 속에 차고 주사바늘을 복부에 꽂은 채 오늘 뵙는 이 분들에게 어쩌면 살아생전 마지막 인사가 될지도 모른다는 애절한 심정으로 겨우겨우 인사하고 힘들게 예식장(강남, 대치동1성당)에서 하객 맞이를 했으며 그렇게 고통스런 세월이 흘렀다. 그런데 흔히들 당뇨는 비만에서 온다고들 하는데 그 말도 틀린 것 같다.

왜냐하면 체중이 46킬로인 당시 아내의 혈당치는 400선을 넘고 있었기 때문이다. 그러던 어느 날 나는 우연하게 정말 하느님의 도움이었는지 일본의 물박사로 유명한「하야까와 히데오」早川英雄 박사가 쓴 책, 「환원수還元水는 암도 이긴다」라는 책을 접하게 되었으며 아내의 당뇨와 고혈압 치료를 위해 나는 그 책을 열심히 탐독하기 시작했다.

신선한 감동, 물로 인한 놀라운 내용이 많이 담긴 그 책을 읽으면서 물은 생명의 근원이며 우리 건강에 가장 핵심의 요소이며 웬만한 질병(특히 각종 성인병)은 좋은 물로서 얼마든지 예방도 할 수 있고 치료도 할 수 있다는 것을 새삼 체득하였다

그래서 내 가족부터 좋은 물을 먹게 하여 당뇨와 고혈압이라는 그 무서운 질병으로부터 해방을 시켜야겠다는 결심을 하게

된 것이다.

그런데 시중에는 온갖 이름의 물과 정수기가 나와 저마다 과잉선전을 해대고 있어 어떤 물, 어떤 이름의 정수기가 진실로 좋은 물마시기에 도움이 될는지 많이 망설여졌고 그래서 처음 택한 것이 일단 선전이 많이 된 정수기를 우선 선택했다.

그런데 어느 날 물 전문가의 강의를 한번 들어보니 우리가 사용하고 있는 꽤나 크고 비싼 그 정수기는 물을 맑게 하는 기능을 갖고 있는 것은 사실이지만 '환원수' 정수기가 갖고 있는 '암도 이긴다' 는 그런 치료성 효과의 기능을 갖춘 그런 특성은 없다는 것을 알게 되었다.

솔직히 그때까지만 해도 나는 '알칼리 환원수' 에 대한 상식이 전혀 없었으며 또한 우리나라에는 그런 좋은 물을 만들어 낼 수 있는 기술이 있는지도 몰랐다. 다만 일본의 물박사인 '하야까와 히데오' 만 환원수에 따른 특허기술을 가지고 있는 줄 알고 앞서 말한 그 책을 열심히 읽던 중 〈물은 얼마나 마셔야 효과가 있는가?〉라는 제목의 기사가 나의 시선을 확 잡아 끌어 당겼으며 기사 내용에는 이렇게 적혀 있었다.

나는 당뇨병 때문에 마음을 굳게 먹고 매일 이 물을 먹었더니 250까지 올라갔던 혈당치가 1개월 만에 110으로 뚝 떨어졌다. 아침에 일어나서부터 식전, 후 가릴 것 없이 하루에 여러 번 나누어 먹었다. 암이나 고혈압 당뇨병 환자가 적극적인 마음을 먹고 꾸준히 마심으로 좋은 효과를 얻는다. 믿는 마음이 없으면 안 된다.

설마? 무슨 물을 먹고 암이나 고혈압과 당뇨 같은 이런 무서운 질병치료에 큰 도움이 된단 말인가? 하고 믿고 싶지 않았으나, 그 책 전체를 다 읽고 번역자의 직함과 경력 등을 살펴보니 믿음직한 면이 있었고 강한 신뢰가 따랐다. 그리고 한참동안은 다른 일 때문에 이 '환원수'라는 물을 잊고 있던 차, 집에서 보는 중앙일보와 사무실에 들어오는 동아일보와 조선일보 등에 수시로 실려 나오는 신문의 전면으로 된 물 안내 광고를 접하게 되었다.

물론 이 책 독자 분들께서도 보신 기억이 상당하리라 믿지만, 그건 다름 아닌 물 과학기술연구소(KYK) 마크가 찍힌 그리고 40대 후반으로 보이는 그 회사 사장의 훤하게 웃고 있는 모습의 사진이 담겨 있는 「식약청 허가 의료용 물질 생성기 알칼리 환원수」 광고였다.

나는 솔직히 평소에 신문 광고면을 자세히 잘 안보는 편인데 이 광고 문안은 좀 특이했으며 물 광고에 '식약청 허가 의료용 물질생성기(국가2등급 의료기기)'라는 문구가 예사롭지 않았고 더욱이 내 관심과 시선을 끈 것은「펑펑 쓰고 19,500원」이라는 그 광고 카피의 문구가 우리 서민경제와 직결되어 있어 즉각 그 회사에 전화를 걸었다.

그래서 그 회사 KYK(김영귀 사장 이름의 이니셜) 환원수와 인연이 되었고 25년간 온갖 고생을 하며 그야말로 천신만고로 연구개발하여 발명특허 2개와 대한민국 대표상품 및 으뜸상품으로 선정되어 미국과 중국 등에도 수출을 하고 특히 중국 국립병원에서는 이 환원수 정수기에 대한 탁월한 성능을 인정하여 임상 계약까지 하였다는 「김영귀 환원수」의 카다록과 그가 펴낸 저서「생명수의 비밀」이라는 책을 자세히 읽어보고는 상당한 믿음이 따르기에 그때부터 우리 가족은 그 환원수 물을 마시게 된 것이다.

*여기서 잠깐 독자 분들께 양해를 구하고자 한다. 어떤 특정업체의 이름이나 상표 등의 실명을 잘 밝히지 않는 것이 글 쓰는 작가 불문율의 수칙인 것을 모르는 것은 아니지만, 나는 이 특이한 환원수를 내 가족에게 먹게 하여 그토록 괴로워하던 당뇨와 고혈압의 그 고통의 터널에서 빠져 나오게 해준 「김영귀 환원수」에 대해 만분의 일이라도 고마움을 전하고 싶어 사실대로 이 글을 쓰는 것이며 또 한편 우리 가족과 같이 당뇨나 고혈압으로 오랫동안 고생하거나 성인병 예방에 관심이 있는 모든 이들에게 이 물로 하여 건강을 공유하고 싶어 이 글을 쓰지 않을 수가 없었음을 밝혀둔다.

어쨌든 내 아내는 이 물을 먹고 난 두 달 쯤부터 몸으로 느낄 수 있는 신비스러움, 그리고 아침마다 체크하는 혈압계와 혈당계에 찍혀 나오는 수치의 변화에 놀라고 이제 정말 살 것 같다면서 기쁨의 미소를 짓고 있었다. 물론 걷기운동과 식사요법을 철저히 병행하였음은 말할 나위가 없다.

그런데 한 가지 고충은 이 환원수를 아침공복에서부터 하루에 1.8리터(큰 패트병 1병정도)를 먹기가 쉽지 않았으나 병을 치료하려면 쓰디쓴 한약도 한 사발씩 먹어야한다고 생각하니 많이 마실 수가 있었으며 더욱 신기한 것은 이 물은 자주 마셔도 물리지 않다는 것이다.

아! 이럴수가….

흔히들 당뇨와 고혈압은 약을 한번 먹기 시작하면 평생 먹어야 한다고 하며 절대로 완치될 수 없는 불치, 난치병이라 하지만 우리 부부에게 그런 속설은 통하지 않았다. 나도 혈압이 약간 높은 편이라 2년간 먹어오던 혈압약을 아예 끊어버렸으며 아내는 약을 절반으로 줄였다. 심지어 내 아내의 당뇨전문의(수원아주大 의대 외래교수)께서는 "이건 정말 기적입니다. 이런 현상은 지극히 드문 현상이고 부인은 당뇨연구 논문 대상입니다." 라고 감탄을 하기도….

아무튼 이 좋은 환원수는 의료용 물질 생성기라는 그 말에 손색이 없고, 물로서도 이런 놀라운 기적 같은 일을 만들어 내는구나 싶어 나는 경탄을 하였으며 나의 주변에 성인병으로 고민하는 사람들에게 서슴없이 '김영귀 환원수'의 체험담을 이야기하고 권유하기도 했다.

그분들의 반응 역시 놀라움 그 자체였고 어떤 이는 이 물을 먹고 나서 체질개선이 되어서 그런지 제일 먼저 이불 속의 부부관계가 확실하게 달라지더라고 전했다. 또한 직장생활을 하면서 술과 담배를 끊지 못해 늘 피로하다던 내 아들도 이 물을 먹고 난 지 석 달쯤 후부터 신기하게도 몸에 피로가 없어지기 시작했다는 이야기를 하고 있으니 정말 우리 가족과 이 물은 상당한 인연이구나 싶었다.

이 알칼리 환원수를 연구 개발한 물 과학 연구소장이며 이 회사 사장인 김영귀씨는 '생명수의 비밀'이라는 저서를 내면서 제일 서두에다 다음과 같은 글을 실어 내었다.

> 한 그루의 나무가 시들어가고 수족관의 물이 오염되어 물고기가 고통 받고 있는 상황에서 맑은 물을 빼놓고 이들 생명을 구제할 방법이 과연 이 지구상에서 존재하는지 답해보라. 또한, 과거에 비해 분명히 잘 먹고 편리한 생활을 누리며 많은 건강법을 취하는데도 불구하고 만성질환이 날로 증가하고 있는 부분에 대해 우리는 진지하게 생각해봐야 한다.

물에 대한 관심과 상식이 별로 없었고 그냥 물이면 다 같은 물이려니 하며 살아온 사람에게 일침을 가한 말이 아닐 수가 없었으며 늦게서야 좋은 물 환원수에 대한 관심을 가지게 된 것을 크게 후회하기도 했다. 이는 비록 이 책을 쓰는 필자 뿐만 아니라 서울大 상대학장을 지내고 서울시장과 부총리겸 경제기획원장관을 지내신 '산신령'이란 별칭이 붙은 유명하신 조순趙淳박사께서도 김영귀환원수를 몇 개월 음용해 보고서는 극도의 찬사를 하셨다.

산신령(?)같은 어른이 감탄하고 인정을 하셨을 정도이니 오죽하겠는가…. 따라서 나도 미리미리 물 공부를 좀 했더라면 아내의 고혈압과 당뇨병도 일찍이 좀 고칠 수가 있었을 텐데… 하고 아쉬워하면서 이때부터 물에 대한 관심이 더욱 고조되었으며 어느 날 도서관에서 또 한 권의 물과 관련된 저서를 접했다.

그 책은 미국의「폴 C. 브레그」박사가 쓴 「물만 잘 마셔도 오래 산다」라는 책이었으며 저자인 브레그 박사는 그 책에다 다음과 같은 글을 실었다.

인간은 산소 없이는 단 몇 분밖에 살지 못하며, 물이 없이는 며칠 밖에 살지 못한다. 물이 없이는 인간이 74시간을 못 넘기고 반 혼수상태에 빠지게 되며 반면에 좋은 물을 먹으면 질병을 치유하고 최대한의 건강과 수명을 누릴 수 있다.

당연하고도 일리 있는 말이었고 이는 앞에 쓴 김영귀(KYK)과학기술연구소 소장의 지론과 일맥상통하였다.

물!! 그렇다. 우리 몸의 75%가 물이고 혈액의 83%가 물이다. 피와 땀도 물이고 젖과 눈물도 사람이 먹는 물로 하여 만들어진다. 그런데 왜 우리는 물을 그냥 물로만 보는가? 특히 산모의 젖은 아기에게 보약중의 보약이라 했고 또 그게 사실임은 많은 과학자와 의학자들의 연구와 임상 보고서에도 입증이 되고 있다. 그렇다면 사랑하는 아기에게는 반드시 양질의 젖(모유)을 먹여야만 된다. 그러려면 그 아기엄마들은 값비싼 보약을 찾기 전에 값싸면서도 좋은 양질의 물을 먼저 찾아야 한다.

이 땅의 모든 딸들이여! 거듭 말하지만 평소에 먹는 물을 질좋은 알칼리 환원수를 꼭 이용하여 그대들 자신의 건강과 가족들의 고혈압, 당뇨와 암등 성인병을 치료하고 예방하라. 지금 당뇨를 비롯하여 무서운 성인병대란이 밀려오고 있다 하지 않은가?

이조 선조대왕시절, 그 이름도 유명한 동의보감(전. 25권)을 펴내신 어른이요, 한의학의 의성醫聖이신 허준 선생도 "의원이 약을 달일 때에 제일 먼저 챙기고 생각할 것은 물이니라"고 하셨다.

오염된 물인 줄 모르고 장기간 마셔온 산모들이 출산한 신생아 중에는 저능아 혹은 기형아가 많다는 통계도 있고 오염된 물이 인간이나 다른 동식물에게 미치는 영향에 대하여 이 책의 필자인 내가 직접 경험한 지난날의 '쇼킹뉴스' 한 토막만 더 쓰겠다.

그러니까 내가 30대 젊은 시절 기자생활 때 있었던 일이다.

지금도 경향신문 본사 자료조사실에 분명히 보관되어 있을 것이며 남산국립도서관에도 소장되어 있는 1975년 8월 21일자, 경향신문 사회면 중간톱기사에 실려 있는「등이 굽은 물고기 출현」기사인데 나는 당시 이 기사로 특종상과 노력상을 받았으며 그 기사는 서울주재 외국 특파원들이 자기 본국에 시급히 타전하여 인용 보도하였고 그중에도 이 기사를 제일 민감하게 받아들인 언론사는 일본의 NHK 방송과 산께이 신문사였다. 왜냐하면 그 나라 일본은 공해로 오염된 물을 마신 주민들이 '이따이 이따이' 우리말로 해석하면 '아이구 아파, 아이구 아파'라는 괴상한 질병으로 수백 명이 죽고 큰 난리를 치른 나라이기 때문이며 물 때문에 밀어닥친 괴질병의 무서운 공포심리 때문일 것이다.

하여간 큼직한 잉어가 중금속에 오염된 물을 먹고 자라나 등이 굽어진 기형어가 되었다는 내가 쓴 충격적인 그 신문기사는 당시 보사부 진상조사단과 국회 보사위 진상조사단까지 현지 조사차 급파가 되고 대책을 강구했던 큰 사건이었다.

비단 그런 일 뿐 아니라 가까운 예로 맑은 계곡주변의 나무들을 보라. 얼마나 싱싱하고 짙푸른가? 그만큼 물과 모든 생물은 가장 밀접한 관계가 있으므로 이제부터라도 각 가정에서 물을 가장 많이 사용하고 있는 주부들부터 자신과 가족의 건강을 생각해서라도 절대로 물을 그냥 물로만 보지 말고 물을 잘못 먹으면 독이 되고 물을 잘 골라 먹으면 치료약이 되고 피부도 상당히 고와진다는 사실을 명심해야만 할 것이다.

그러므로 아름답고 건강하게 살기를 바란다면 반드시 좋은 물을 마셔야 한다. '환원수'라는 말뜻이 무엇인가? 으뜸의 물! 즉, 자연속의 천연수로 되돌렸다는 뜻이다. 그렇다면 바꿀 환還자와 으뜸 원元자가 주는 의미가 무엇인가? 를 상식으로 알아두자.

온갖 오·폐수와 농약 등에 오염되지 않은 심산유곡 천연암반 속에서 솟구쳐 나오는 그런 맑은 물을 뜻한다. 그런 물은 그냥 물이 아니고 진정 신神이 인간에게 주신 가장 값진 선물이며 살아있는 생명체다. 높은 산과 깊은 강줄기의 허리를 껴안고 유유히 흐르면서 예쁜 돌멩이며 고운 모래알과 몸을 비비며 팔딱팔딱 뛰노는 온갖 물고기들과 예쁜 수초들을 생성시켰던 그 물이 바로 원수元水이며 1급수 물이 아니던가….

좋은 물의 신개념, 이 시대 물의 신 혁명이 바로 이 '알칼리 환원수' 라고, 국민생명과 건강문제를 다루는 신문인 생명운동 신문 편집장인 필자는 감히 말하고 싶다.

특히 이 〈김영귀 환원수〉는 정부당국(식약청)으로부터 그 까다로운 시험과정을 다 거쳐서 '의료용 물질생성기' 즉, 일반 정수기와 판이한 각종 질병의 예방 및 치료용의 물로 허가를 받은 믿을 수 있는 상품이고 대한민국 대표상품 대상까지 받고 미국과 중국국립병원 임상 계약 수출까지 하고 있음이 확인된 제품이며 특히 이상희 전 과학기술부 장관께서도 과감히 추천한 물이라 더욱 신뢰가 따르지 않을 수 없다.

이 시대 모든 딸들이여!

사랑하는 가족들 중에 당뇨환자나 고혈압환자가 있거든 제일먼저 좋은 물을 골라 먹도록 신경을 쓰시라. 물, 물은 인체의 세포를 싱싱하게 보존해 젊음을 유지하게 할 뿐 아니라 그 자체가 바로 생명이기에 강조하는 것이다. 특히 필자가 소개한 김영귀 환원수 물은 식약청으로부터 2008년 3월 이후 부터는 소화불량, 만성설사 등 위장병개선 관련에도 도움이 된다는 광고를 하여도 무방하다는 공식 통보를 받은 정수기라고 하니 정말 놀라운 신기술이 아닌가 싶다.

돈벌이에 앞서 국민건강을 위해 이렇게 열심히 노력하는 이런 모범기업에 대하여 국민의 한 사람으로 정말로 고맙고 감사하다는 생각을 금할 수가 없다.

그리고 이 KYK환원수 정수기는 크기도 기존 일반 정수기에 비해 10분의 1 정도밖에 안되어 좁은 공간(싱크대 위)에도 얼마든지 설치할수 있으며 이미 다른 기종을 보유하고 있는 고객 중 교체를 원하는 분에게는 전액보상 판매를 해주고 있으므로 경제적 부담도 매우 적어 그래서 날로 상당한 인기가 올라가고 있는 듯하다.

우리 모두 건강하게 살자. 특히 인류생존과 번영의 책임이 있는 임신과 출산을 앞둔 딸 들은 더더욱 물을 절대로 그냥 물로만 보지 말기를 거듭 부탁드린다. 왜냐하면, 좋지 않은 물을 먹은 임산부의 자궁에 가득 찬 양수도 오염이 되어 기형아나 미숙아가 태어날 가능성이 상당히 높다는 외국의 연구 자료가 있어 많은 사람들이 충격을 받고 있기 때문이다.

8

재독在獨 여류화가, 박광혜(안나)여사 그림 이야기

작가의 영혼과 땀과 피가 절절하게 스며있는 그림처럼 아름답고 가치 있는 미술품은 없을 것이다. 서양화가 박광혜 여사!(사진) 그녀는 어릴적부터 그림을 무척 좋아하긴 했으나 형편상 일찍이 화가의 꿈을 펼치지 못했으며 1970년대 외화획득이란 기치 아래 1만 여명의 한국간호사들이 독일로 파견되어 가던 시절, 하얀 가운을 입은 이른바 서독파견 '백의의 천사들' 중에 한 명이었다. 올 가을 서울 전시회(개인전)에 놀랍고 훌륭한 작품 많이 선보일듯….

8

'베르린종합예술대학'에서 붓을 잡은 여류 화가

이 시대의 한국미술계는 여러 형태의 사건들로 시끄럽다. '행복한 눈물' 한 점으로 숱한 사람들이 서글픈 웃음을 흘려야 했던 우리 미술 현장. 얼마 전 문화예술 NGO '예술과 시민사회, 대표 오상길님께서 한 신문에 기고하신 〈미술계 거듭나야 한다〉라는 칼럼이 이 땅의 미술 현실, 그 일그러진 자화상을 솔직하게 발가벗겼다. 유명 미대교수들의 치사한 행위들을 신랄하게 비판했고 필자 역시 공감했다. 미술美術이란 글자 그대로 아름다운 예술이며 인간영혼을 맑게 하는 보물이 아닌가! 그러므로 작가는 정말 순수하고 열정적인 마음으로 작품 활동을 해야 하고 애호가들은 그림에 대하여 작가의 노고를 이해해야 한다. 그렇지 않으면 아무리 좋은 그림을 가진다 해도 그건 마치 돼지가 진주목걸이를 걸고 있는 꼴이 된다. 그런데 우리 사회는 언제부터인가 일부 계층에서 미술품을 부富의 축적수단으로 부적절한 거래를 하며 가짜 그림소동이 자주 벌어지고 있다. 이중섭, 박수근, 천경자의 그림 등이 그랬다. 그것은 저급한 미술문화 욕구에서 비롯된 '영혼의 파괴'가 아닐 수 없다.

나는 평생 글만 써온 사람이라 그림에 대하여 어떤 그림이 정말 훌륭한 그림이고 가치 있는 예술품인지는 잘 모른다. 그래서 지난해 어떤 갤러리에서 나왔다는 시가 86억 원짜리 이른바 '행복한 눈물'이란 그림을 신문에서 보고 솔직히 이런 그림 정도면 영화포스터를 그리는 일반 상업미술사도 그리지 않을까? 싶은 생각에 서글픈 미소를 머금었다.

그림 사건으로 시끄럽던 그 무렵 우연하게 독일에서 오랜 세월 독특한 기법의 그림을 그리고 있다는 박광혜 화백(세례명 : 안나)을 만나게 되었다. 과거 전시회 때 만든 도록(카달록)에 실린 미술전문가들의 설명을 듣고는 그녀의 순수 예술정신을 이해하게 되었고 품격 있는 작품이라고 평하기에 나도 점차 매료되기 시작했다.

이 세상 무엇보다 그림을 지극히 사랑하는 박 화백은 머나먼 이국땅의 생활이지만 언제나 '한국의 딸'로서 무한한 자부심과 긍지를 지니고 30여 년간 열심히 공부하고 작품 활동을 하여 지금은 세계적 서양화가의 반열에 서서히 올라서고 있는 훌륭한 여류화가이다. 따라서 그녀가 지닌 미술작품에 대한 애정과 열정은 50대 중년여인의 작품이라 하기에는 도무지 믿기 어려운 젊은 청춘의 열기가 느껴지며 신선한 감각은 원색의 아름다움을 창조하는 특유의 기법을 보여주고 있다

작가의 영혼과 땀과 피가 절절하게 스며있는 그림처럼 아름답고 가치 있는 미술품은 없다. 그녀는 어릴 적부터 그림을 무척 좋아하긴 했으나 형편상 일찍이 화가의 꿈을 펼치지 못했으며 1970년대 외화 획득이란 기치아래 1만 여 명의 한국간호사들이 독일로 파견되어 가던 시절 하얀 가운을 입은 이른바 서독파견 '백의의 천사들' 중에 한 명이었다. 그래서 이 책에 이렇게 특별한 스토리의 주인공으로 선정되었는지도 모른다.

서울 종로5가, 밀양 朴氏 가문의 3남 1녀로 태어났으며 어머니의 친정인 외가가문의 역사까지 거슬러 올라가면 현재 서울 잠실롯데 백화점이 들어서 있는 그 땅에서부터 가락시장까지 엄청난 땅 부잣집 딸의 고명딸로 태어난 '귀공녀' 였단다. 효제초등학교와 경희여중을 다닐 때만 해도 세상에 부러운 것 하나 없었던 소녀였다. 그런데 경희여고 3년 때 아버지의 사업실패로 그만 가세가 기울어지기 시작하였으며, 하나밖에 없는 이 외동딸의 대학진학 마저 포기시켜야할 정도로 어려운 형편이 되었으니 이런 걸 두고 운명의 장난이라고 할까?

한동안 큰 실의에 잠겨있던 어느 날, 막내삼촌이 들고 온 신

문을 우연히 보게 되었다. 그 신문에 서독간호사 파견 지원자 모집광고가 실려 있어 그만 그 운명적인 길을 택하게 된 것이란다. 1972년 10월, 상한 자존심을 가슴에 안은 채 부모형제를 뒤로하고 돈을 벌기 위해 독일 행 비행기에 몸을 실었으며 당시 누구보다 많이 속상했던 엄마는 식음도 전폐한 채 멀리멀리 이국땅으로 떠나가는 딸을 부여안고 하염없이 우셨을 것으로 추정된다.

그때부터 독일파견 간호사 '미스 박'은 이 책의 다른 쪽에 실려 나오는 소설가 조정래 선생이 쓴 '한강'이란 책 속에 실려 나오는 당시 한국 간호사들의 고충과 비애속의 그런 생활을 해 나갔던 것이다. 그야말로 눈물 젖은 빵을 씹으면서 고국 땅의 부모형제를 생각하며 외롭고 서러울 땐 남몰래 울면서 하루하루를 견뎌 나갔는데 운명의 여신은 티 없이 맑고 순진했던 처녀 간호사 박광혜를 그냥 두지 않고 이번에는 또 '병마'라는 불행의 소굴로 내몰았고, 10개월 만에 그만 폐결핵이라는 병을 앓게 되었던 것이다. 그때부터 또 한 번 엄청난 시련을 겪게 되었으며 당시의 고통을 박 화백은 다음과 같이 술회하고 있다.

나는 독일에 간지 10개월 만에 폐결핵에 걸렸고 1년 반 동안 투병생활을 했어요. 독일의 중부지역인 듀스부르크(Duisburg)란 그곳은 탄광지역이라 공기가 탄가루에 많이 오염되어 있었고 대부분의 독일 환자들은 체중이 거의가 우리의 두 배나 되었으며 당시 20세 안팎의 우리들이 간호하기엔 너무도 힘겨웠습니다. 그러나 고국에 계신 부모형제들에게 송금하기 위해 병원식당에서 환자들에게 주고 남은 음식으로 끼니를 때우며 돈을 절약해야 했던 친구들이 많았으며 근무하고 쉬는 시간에는 산에 올라가서 산나물을 캐다가 말려서 한국에 보내는 친구도 있었고, 차비 몇 푼을 절약하기 위해 먼 길을 걸어 다니거나 자전거로 출퇴근하는가 하면, 하루에 8시간 병원근무를 마치고도 돈을 더 벌기 위해 또 다른 일자리를 찾아 잠도 안자고 아르바이트를 하였습니다. 그런 환경 속에서 생활을 하다 보니 건강이 망가진 예가 많았으며 한 병원에서 3년 안에 폐결핵으로만 입원한 한국간호사들이 20%나 되는 병원도 있었으니 오죽했겠습니까. 어떤 친구는 가끔 실성한 행동까지 하고 장미꽃을 한 아름씩 사다가 매일 환자들에게 나누어주는가 하면 아무튼 비정상적인 행동을 하는 친구들도 있었어요.

이런 경우 독일정부 당국은 일종의 정신병으로 간주되는 '향수병'이라 진단하여 강제로 송환시켜 버린 예도 많았다고 한다. 그렇듯 여린 처녀의 몸으로 감당하기 어려운 온갖 고통과 역경의 세월 속에서도 그녀는 그림을 그리며 인생에 대한 새로운 통찰력과 성숙을 일깨웠으며 평소에 염원해온 수준 높은 그림공부와 유명화가의 꿈을 포기할 수가 없었단다. 그래서 1978년도, 현재 300여 년의 유구한 역사를 지녔으며 세계적인 화가 '케테 콜비쯔(Kaethe Kollwitz)'와 '막스리버만' 그리고 '칼호프' 등 유명한 화가들을 수없이 배출했으며 현 재학생만도 4,000명이 넘는 독일에서 가장 큰 베를린 종합예술대학, 서양화과에 입학하였고 7년이란 기간 동안 정말이지 미친 듯이 그림공부에 전념하였으며 동대학원까지 우수한 성적으로 수료,

1984년도 졸업과 동시에 Meister 학위를 취득하였으며 그로부터 20년이 훌쩍 지났다.

10년이면 강산이 변한다는데 그 배가 넘는 긴 세월 동안 그녀의 심혈이 담긴 작품들은 독일에서의 개인전과 한국에는 여러 차례 단체전시회 등에 찬조출품을 하여 미술계 인사들로부터 특유의 개성이 있고 수준 높은 화법이라는 평을 받았으며 아울러 세계적인 여러 화가들과의 교류의 폭도 점점 넓혀간 것이란다.

간호사로서 인간의 육체적인 병을 고쳐주기 위해 잡고 있던 주사기 대신 부드러운 붓, 화필을 잡고 끊임없는 애정을 담아 열심히 그려낸 그녀의 그림 작품은 그때부터 나날이 영롱한 빛을 발하게 되었으며 그로 하여금 터득한 그림 속에는 그래서 남다른 인간 영혼을 치료하는 그 무엇이 스며있지 않을까 싶기도 하다. 그렇게 열정적으로 그린 그녀의 젊은 날 작품들을 사진으로 보면서 유난히 내 가슴에 와 닿는 강한 인상의 그림 한 점이 있어 이 책 속에 담아내어 국내 미술 팬들과 수만 전국 미술지망생들 에게 소개를 하고자 한다.

그러니까 지금으로부터 약 15년 전, 박 화백이 30대 후반에 '광대'라는 특유의 이 그림을 그려내어 많은 유럽 선진국 미술평론가들로부터 찬사를 받았으며 작가 본인도 가장 아끼고 싶은 작품으로 꼽고 있다. 그림과는 거리가 먼 내가 봐도 이는 예사로운 그림이 아니라는 점을 느꼈다. 박 화백은 이 그림을 그리면서 자작詩 한편을 작가노트라는 이름으로 비문처럼 적어

두었다.

나는 굳게 다문 입으로 새로운 것을 향하여 다시 허공을 바라본다

아! 이 얼마나 심금을 울리는 글인가? 이 얼마나 불꽃같은 강렬한 예술적 시어詩語이며 글과 그림의 멋진 합창인가? 모르긴 하지만 필자의 견해로는 박 화백의 이런 글과 그림은 과거 힘들었던 그 고통과 외로움으로 점철된 자신의 지난 삶을 깨끗이 정화하고 '나만의 명작'으로 새로운 도전을 해보고자 하는 그런 어떤 욕구표현의 붓 터치로 보이기도 하고 새롭게 발견한 아름다운 예술세계를 향한 작가의 고독한 절규 같은 예술혼의 외침이 아닌가 싶다.

필자가 박 화백을 만난 것은 어쩌면 하느님의 뜻으로 여겨진다. 아직 형제들이 있음으로 한국을 자주 찾는 편이지만 그녀와 내가 처음 만난 곳은 유별나게도 우리 역사의 한이 서린 3.8선 휴게소 여행길에서 였으며 2007년 11월 중순, 그 날은 날씨가 쌀쌀했고 저녁에는 하얀 진눈깨비까지 내려 기억에 오래 남을 것 같다.

내가 다니는 수지성당의 레지오단 박관규(바오로)형제님의 소개로 만난 교우 박광원(우루시노 = 전, 고려대 아이스하키 대표선수) 형제의 누나인 박 화백의 첫인상은 순박한 시골처녀 같았고 활짝 웃는 모습에는 마치 한 송이 백합 같은 순수함이 배어있었다.

박광혜 / '광대' / 100 X 120cm

"나는

굳게 다문 입으로

새로운 것을 향하여

다시

허공을 바라본다"

나는 처음에 예술의 선진국인 독일에서 공부한 여류화가라 하여 꽤나 잘난 척하며 조금은 오만스런 여인일줄 알았으나 만나보니 참으로 겸손하였으며 가톨릭 신앙심도 매우 깊은 분임을 느낄 수가 있었다.

현재 용인 수지, 성복동 수지 골드프라자 빌딩에서 300석정도 규모의 대형식당(리북냉면)을 경영하는 친정동생(박광원)으로부터 전해들은 '광혜누나'의 우여곡절에 얽힌 인생사는 다음에 따로 한 권의 책으로 일대기를 써내어, 어쩌다 힘든 역경에 처해 울고 있는 이 시대 딸들이 있다면 그들에게 희망을 가지고 이 분처럼 노력하고 도전하면 어떤 불행도 극복할 수 있다는 것을 보여주고 싶다. 아무튼 박 화백은 지금껏 그림공부에 몰두하여 절망적 모든 고뇌를 달랬으며 오로지 화필 하나로 희망씨를 뿌리고 하얀 캔버스 꿈 밭에다 위대한 예술의 싹을 한 점 한 점 키워 올린 것으로 보인다.

이제 박 화백에겐 한국은 어릴 적 소녀시절의 아련한 추억만 묻어있을 땅이련만 그래도 한 번씩 귀국하면 옛 친구들을 찾아 천리 길도 마다않고 경상도든 강원도든 달려가서 만나 옛이야기로 회포를 풀고 있다. 참으로 다정다감한 그녀를 오랜 세월 친딸처럼 여기며 지켜보신 친구엄마 金기화(마리아)님께서는 "우리 광혜는 정말 천사 같은 여인이랍니다."라며 극도의 칭찬을 하신다.

그래서일까? 마음이 천사 같다는 그녀에게 이름자인 빛光, 은혜惠, 같이 '은혜의 빛'으로 하느님이 복을 내려주신 듯 오래전

수지에 사둔 땅 수 백 평, 바로 그 앞에 서울 ~ 수지간 전철역이 들어서게 되었으니 그런게 아마도 진정 하느님의 축복이리라...

그래서 그런지 박 화백의 작품에는 결코 서두름이 없는 유유자적한 여유가 들어있으며 특유의 예술향기가 가득 배어있다는 게 과거 전시회 때 만든 카다록에 실려 있는 작품들 사진을 본 그림 전문가들의 평이다.

이는 작가의 예민한 직관력과 끈질긴 집념의 결실로 보여지는바 이제 우리나라도 이런 순수 미술인들과 고결한 미술작품이 많이 생성되어야 날로 혼탁스러워 지는듯한 미술계에도 신선한 새바람이 일 것 같고 진정한 예술혼이 살아 움직일 것만 같다.

먹으면 배부른 풍성한 음식보다 때로는 아름다운 한송이 꽃이 사람 마음을 사로잡듯 좋은 그림은 그런 차원에서 대접받아야 마땅하고 따라서 훌륭한 그림은 인류문화의 고귀한 자산임에도 불구하고 왜 자꾸만 사람들은 미술문화의 체계와 품격 갖추는 일을 외면하고 돈벌이에만 치중하는 듯한 천박스런 문화욕구충족 쪽으로만 흘러가는지? 그것이 객석에 서있는 우리네 일반인은 참으로 안타까울 뿐이다.

마치 미꾸라지 몇 마리가 온 도랑물을 다 흐려놓듯이 잔머리 굴리는 장사꾼들로 인해 날로 혼탁해져가고 있는 한국미술계에 이런 때 묻지 않은 신선한 작가들의 작품들이 자꾸 나와서 한줄기 맑은 샘물처럼 솟구쳐 더렵혀진 이 나라 미술계가 깨끗하게 자정이 되어갔으면 하는 마음 간절하다.

그래서 올가을 서울에서 개최될 "**박광혜화백, 서양화 전시회**"는 더욱 큰 관심의 대상이며 각별히 기대가 되는지도 모르겠다.

이국 만리 비바람 부는 광야, 그 험난한 질곡의 세월 속에서 보란 듯이 싱싱하게 피워 올린 박 화백의 '미술꽃'은 이제 완숙기에 접어들어 세계 어느 무대 위에 올려도 손색이 없을 듯함에도 그래도 '대한의 딸'로서 자부심을 가지고 가능한 조국의 예술정서에 접목시켜 더욱 멋지고 성숙한 작품을 만들어 내기 위해서 국내 원광대학교 대학원 선조형 예술학과에 또 입학 등록을 하였다니 그녀의 예술투혼과 그림을 향한 열정이 어느 정도인지 대충 짐작이 간다. 오십 중반을 넘긴 나이, 보통 여인들 같으면 조용히 쉬면서 손주들이나 돌봐줄 나이임에도 '나이는 숫자에 불과하다'며 또 그림공부를 더하겠다고 열심히 노력하는 그녀의 모습은 마치 저녁나절 서쪽하늘에 작열하는 태양을 바라보는 그런 느낌이 든다. 황혼결의 붉은 낙조는 대자연의 그 무엇보다도 광혜롭고 아름다운 운치가 있기에.

만학晩學의 미술공부를 더하기 위해 국내대학원을 입학한 소감을 묻자 "늦은 나이임에도 불구하고 다시 학창시절로 돌아가게 해주신 원광대학 윤양호 교수님께 깊은 감사를 드리며 내 생에 마지막 힘을 다하여 최선을 다하겠다."며 당당한 각오를 다짐하는 독창적인 서양화가 박광혜!

많은 사람들의 관심 속에 개최될 2008 가을, 박 화백의 서울 전시회는 어쩌면 한국미술계에 신선한 충격과 잔잔한 감동의 파도를 일으킬 것만 같은 예감이 자꾸만 든다.

예상치 못했던 가정형편의 몰락, 그로 인한 국내대학진학 꿈의 좌절, 가족들과의 이별, 이국 만리에서 외롭고 서럽게 혼자 겪어야했던 질병과의 싸움, 그런 등등의 절망과 고독을 일찍이 맛봐야 했고 그런 과정에서 때로는 인간에 대한 실망과 좌절도 상당히 따랐지만 그럴 때마다 열렬한 기도를 바치며 화필을 더욱 힘 있게 잡고 돌기둥 한 개를 깎는데 일 년 열 두 달이나 걸렸다는 그 옛날 아사달 석공石工정신으로 그녀의 그림에는 점 하나 선 한개도 소홀함이 없다.

박 화백의 슬하에는 조국의 국방의무를 완수하기 위해 자진 귀국하여 현재 한국해양경찰대에 근무하는 효성 지극한 큰아들(南宮 鉅)과 독일에서 대학을 다니는 둘째아들(南宮 鍵)이 있다. 한편, 앞으로 형편이 닿으면 누나와 상의해서 아담한 성당聖堂하나를 건립하여 하느님께 봉헌하고 죽는 게 소원이라는 친정동생, 박광원(우루시노)의 순수한 그 소망이 이루어지고 그 성당 벽면에 누나 박광혜 화백이 손수 그린 대형 성화聖畵한 폭이 이스라엘 성지 '겟세마니' 성당에 그려져 있는 벽화처럼 숭고한 모습으로 새겨져 천년의 비바람에도 변함없이 거룩하게 보존되어갔으면 하는 마음 간절하다. 인생은 짧지만 예술은 길다했기 때문이며 보통사람이 세상에 남길 흔적치고 그 보다 더 고귀한 유물이나 위대한 선물은 없을 것 같아서이다.

9

딸보다 더 착한, 효부 며느리들

효도는 아무나 하는 게 아닌 듯싶다 그리고 결코 쉬운 것도 아니다 본인들의 절대 사양을 무릅쓰고 필자가 여기에 써두는 이런 주인공들은 정말 복 받을 집안의 딸들이다. 그래서 이분들은 이웃을 감동시키고 사회를 감동시키고 있는지도 모른다.

9

화성시 한 초등학교 女교사와 논현동 〈어도〉 안주인 이야기

우리 사회는 언젠가부터 효성孝誠과 효도孝道의 정서가 급속하게 사라져가고 있다고들 한다. 왜 그럴까? 핵가족시대에 바쁘게 살아가다 보면 어쩔 수 없는 일 아니냐고 반문한다면 할 말이 없다만 아무튼 효孝를 인간의 기본 덕목과 행실로 여겼던 과거와는 달리 정말이지 너무 빠른 속도로 급변해가는 세상이라 늙어가는 부모들의 입장에서는 한없이 서글퍼지기도 하고 자식들 낳아 기르고 가르치고 결혼시켜 살림 마련해 주느라 자신들의 노후대책을 미처 생각하지 못했던 부모들은 엄청난 후회심과 공연한 불안감에 놓여 있는 게 작금의 현실이다.

지난해 12월, 어느 추운 날이었다. 나는 아침 출근길에 사무실 바로 옆에 있는 서울시 노인복지회관 앞에서 참으로 딱한 광경을 목격했다.

70대 중반의 노인 한 분이 가로수 아래서 신문지를 깔고 앉아 눈물 젖은 빵을 한 개 들고 쿨룩쿨룩 기침을 하면서 울고 있었으며 옆에 있던 사람들이 할아버지 왜 아침부터 울고 계시느냐며 묻자 목이 메인 할아버지는 손수건으로 눈물을 닦으면서 긴 한숨을 쉬더니 잠시 자기의 가정사 이야기를 털어놓는 것이었다.

하나 있는 아들은 서울 일류대학을 나와 외국에 기술자로 나가고 며느리가 손녀 둘을 데리고 살고 있는 자식 집에 얹혀서 살고 있는데, 저녁에 조금만 늦게 들어가면 밖에서 식사를 하고 오는 줄 알았다면서 며느리가 시아버지 저녁밥을 차려줄 생각을 하지 않아서 저녁을 먹지 않고 들어왔다고 하면 입을 비쭉거리며 라면 한 개를 달랑 꺼내어 놓고는 몸이 아프다며 안방으로 들어가 텔레비젼이나 보고 있고 대학생인 손녀딸들은 할아버지의 기침 때문에 더럽다며 아예 곁에 오지도 않고 그래서 어떨 땐 배가 고파도 참고 그냥 잠자리에 드는 경우가 허다하다는 것이다. 그래서 어떤 날은 조금 일찍 가서 저녁을 먹어야겠다고 집에 들어가면 아이들 공부하는 줄 알면서 뭐하러 일찍 들어왔느냐며 또 구박을 하므로 집 앞에서 시계를 보고 서

있다가 저녁식사 시간 맞추어 들어가곤 하는 날이 비일비재하다는 것이다.

그런데 그 전날은 고향친구의 사망소식을 듣고 병원 장례식장에 문상을 갔다가 마음이 너무 아파 소주 한병을 먹고 집에 들어갔더니 며느리가 노인네가 술 마시고 들어왔다며 공연히 제 딸아이들에게 신경질을 부려서 밥 달라는 소리도 못하고 잠을 자고는 이곳 노인복지회관에 오면 따뜻한 점심이라도 얻어먹을 수가 있기에 일찍 나왔는데 그만 몇 년 전에 먼저 간 마누라 생각이 불현듯 나서 목이 메인다는 대충 그런 딱한 사연이었다.

나는 그 모습을 보고 도저히 그냥 지나칠 수가 없어서 주머니에서 천원 권 몇 장을 꺼내어 어디 가서 국밥이라도 한 그릇 사 잡수시라고 드리고는 출근을 하였는데 그건 결코 그 어른에게 베푼 값싼 동정이 아니었다. 시부모도 부모인데 누가 저 어른을 저렇게 만들어 버렸나싶은 안타까운 마음의 표시였을 뿐이다.

그래서 가끔 보면 신문에 '70대 노인 아파트에서 또 투신자살'이라는 기사가 심심찮게 실리는구나 싶었고 그날은 왠지 종일 마음이 우울했고 많은 생각을 하게되었다. 인간은 누구나 늙게 되어 있고 그 댁의 못된 며느리도 언젠가는 늙은 할머니가 될 터인데 자신이 시부모에게 그런 학대와 불효를 하면 그 딸들은 무엇을 보고 자랄 것인가? 참으로 기가 막혔다.

그러면서 언젠가 내가 우연히 전해들은 수원화성 지역초등학교 여선생님 이야기 하나가 생각이 났다. 그것은 그날 아침에 본 그런 딱한 가정 사정과는 정반대의 현상이며 너무도 대조적인 사연이라 이 글을 쓰는 것이다. 그 선생님은 경기도 화성시의 모 초등학교에 근무하고 있는 이 아무개 여선생님이다.

이 선생의 고향은 한탄강 유역인 경기도 연천으로 들었으며 그곳의 한 중농가의 딸로 태어났고 교육대학을 나와 처녀시절부터 교편생활을 해온 평범한 선생님이고 지금 이 선생의 가족으로는 남편과 슬하에 두 남매를 두고 있으며 팔순 넘은 시아버지가 계시는데 그런데 문제는 팔순의 시아버지께서 불행하게도 10여 년 전 그만 뇌졸중으로 쓰러지셔서 현재 반신불수의 힘든 삶을 살고 계신다고 한다. 이런 상황의 집안에서 가정주부 입장인 이 선생의 생활은 짐작하고도 남음이 있다. 그렇다고 생활이 넉넉하여 파출부나 간병인을 고용 할 수도 없는 그런 처지이며 고교와 대입을 눈앞에 둔 두 자녀의 엄마로서, 그리고 거동이 불편하신 시 아버님의 며느리로서, 또 직장인 학교에서는 어린학생들을 가르치는 교사로서의 직분을 다하고 있으니 그야말로 1인 3역을 손색없이 해낸다는 것은 정말 빠듯하고 힘든 생활일 것이다. 더욱이 학교와 집의 거리도 상당히 멀다하니….

그런데 이 선생께서는 이런 환경의 가정사를 알고 있는 주변의 많은 사람들로부터 '딸보다 더 효성 지극한 며느리'라는 극찬의 소리를 듣고 있단다. 그 이유는 놀랍고도 눈물겹다.

평소 집안에서도 몸이 불편하신 시아버지의 모든 수발은 이 선생의 몫이 될 수밖에 없다. 그럴 수밖에 없는 것이 사업관계로 바쁘게 뛰어다니는 남편은 말할 것도 없고 아직 세상살이나 어른 모시는 일에 익숙치 못한 자녀들에게 노환의 할아버지 수발을 맡길 수도 없는 처지이며 일 년에 두 차례 방학 때가 되어도 남들은 흔히 즐기는 가족여행 또는 해외탐방 같은 것은 생각조차 하기 어렵고 어쩌다 친정에 한 번씩 다니러 갈 때도 몸이 불편하신 시아버지를 아이들에게 맡기고 가려니 너무 불안하고 안쓰러워 수원에서 두 시간반이 넘는 길을 차에다 휠체어를 접어서 싣고 옆자리에다 노환의 시아버지를 태워서 친정집까지 모시고 가기도 했단다.

이게 어디 그리 쉬운 일이며 이게 어디 누가 시킨다고 될 일이며 아무나 함부로 할 수 있는 효도인가?

재작년이었다. 그때 내가 수원의 모 신문사 논설위원으로 잠시 근무한 적이 있었는데 나는 그때 마침 경인방송과 경기여성연합회에서 효자효부 선발대회가 있다는 소식을 듣고는 바로 이 선생을 추천하려 했었다.

이 대회 시상식에 선발이 되면 후한 상금과 공무원들에게는 사회의 귀감으로 인정받아, 인사 때 상당한 이익을 볼 수 있도록 되어 있어, 내가 직접 경기여성연합의 추천서를 받아다가 서류를 작성하여 효부상 후보로 신청하라고 그분의 남편(한상복)에게 권유한 적이 있다.

그런데 이게 웬 일인가? 보통 사람들 같으면 속으로 은근히 반길 수도 있는 일이련만 이 선생의 반응은 예상 밖이었다.

한 마디로 "며느리된 도리로서 할 일을 하고 있을 뿐인데 효부상이라니요." 였단다. 아! 그 지극한 겸손에 그만 권유했던 내가 오히려 대단히 죄송하고 미안했을 정도였다.

그러다가 나는 서울로 옮겨왔고 이 선생을 만날 수도 없었다만 이 책을 쓰다 보니 왠지 그 생각이 언뜻 떠오른다. 그리고 우연히도 지금 내가 근무하고 있는 사무실의 뒤 창문을 열면 바로 앞에 웅장한 청와대 건물이 보인다. 그러면서 이 나라 권력의 최고핵심부인 저 큰 푸른 기와집에 박정희, 육영수 여사가 생존해 있을 때만 해도 전국의 각 급 학교마다 '부모에게 효도하고 나라에 충성하자' 라는 표어와 현수막이 붙어 있었고, 그 때만 해도 학생들에게 효도의 가치를 교육의 주요 과제로 삼았으나 세월이 흐르고 청와대 주인들이 몇 차례 바뀌면서 슬그머니 "효도" 라는 낱말 자체가 사라져 가고 있는 듯싶고, 지금껏 온통 고약하고 이상한 소문만 파다하게 들려나온 '저 푸른 기와집' 이 되어버렸구나 싶은 서글픔이 우러나기도 했었다.

나는 차제에 이 지면을 통해 경기도교육감에게 공개건의를 드린다. 이 선생 같은 그런 지극한 효성과 양심을 지닌 그야말로 자신의 선행을 감추려는 참 교육자다운 이런 교육자를 발굴하여 타의 귀감으로 표창을 하고, 근무지도 집 가까운 곳으로 좀 옮겨주어 거동이 불편하신 시어른을 좀 더 잘 보살필 수 있도록 배려를 해주셨으면 어떨까 싶다.

아들도 출근을 하고 손자들도 모두 등교를 하고나면 하루 종일 반신불수의 몸으로 팔순 노인이 혼자서 식사를 챙겨 잡숫고 화장실 출입을 하시려면 얼마나 불편하실까 싶어 노심초사하는 며느리가, 먼 변두리 학교까지 일찍 출근하기 위해 매일 아침 서둘러 문 밖을 나서면 노인은 휠체어에 몸을 끌고 습관처럼 베란다 유리 창문을 내다보며 손을 흔들고 그런 시아버지가 너무 안쓰러워 돌아보고 또 돌아보며 며느리는 출근길에 오른단다.

나는 이 대목의 글을 쓰면서 맨 앞 서두에 쓴 이야기인 며느리에게 구박받고 길가에서 울고 있던 그 어른과 이 여선생님의 시아버지의 처지를 비교하면서, 이런 '인간 천사' 같은 따님을 길러주신 그 선생님의 친정어머님께 우선 감사의 마음을 전하고 싶다.

딸의 행실은 80%를 그 엄마를 배우고 닮는다고 했다. 그러니 그 어머니께서 이 딸을 키우실 때 얼마나 따스한 '인간사랑'과 '어른존중'의 참된 가정교육을 시켰으면 딸보다 더 착하고 효성스런 정신을 심어 사돈댁의 며느리로 보내셨을까 싶기 때문이다. 그리고 그런 엄마를 보고 자라는 이 선생의 딸은 또 어떤 여인으로 성장할 것인가는 보지 않아도 짐작이 간다.

물론 시아버지 되시는 그 어른의 큰 복이라고 할 수도 있겠으나 이 선생님의 남다른 자애심과 효도정신을 우리 사회 모두가 예사로 보지 말고 본을 받아갔으면 싶다. 이런 선생님은 학생들에게 학과공부는 물론 인성人性과 인간의 도리를 더 심도 있게 가르치고 있을 것으로 믿어진다.

한 가지를 보면 열 가지를 안다고 했기 때문이다. 따라서 이런 착하고 아름다운 마음을 지닌 교사들이 우리 교단에 존재한다는 사실은 우리 교육현장의 미래가 결코 어둡지 않을 힘이자 희망이다.

그리고 세상이 아무리 타락한다 해도 벼논에는 피보다는 나락이 많아야 하고 꽃밭에는 잡초보다 아름다운 꽃이 많아야 사람 살맛이 나는 법이다. 교육일선과 가정생활에서 인간다운 사랑을 실천하고 있는 이런 모범교사, 그리고 이런 딸과 며느리들에게는 '돈 있어야 자식들에게 공경 받는다.' 는 말은 통하지 않을 말일 듯싶다. 따라서 나 역시 한 사람의 시부모 입장에서 정말로 고맙고 감사하다는 말을 전하고 싶다.

늙고 병든 부모를 멀리 제주도까지 데리고 가서 버리고 온다는 천하에 불효자식들, 돈 없는 노부모 서로 모시지 않으려고 떠밀어 길에서 얼어 죽게 하는 그런 짐승 같은 인간들이 늘어나면 세상의 윤리는 무너지고 인간의 도덕은 말살될 것이며 그에 따른 죄 값은 당연히 그 불효자식들의 몫이 된다는 사실을 명심하자. 그래서 나는 이 몇 줄의 글이 죽도록 고생하며 키워주고 가르쳐준 자식들에게 버림받은 노인들을 우리 정부나 사회가 다시 한 번 생각해보는 계기가 되었으면 한다. 자식에게 배신당한 부모는 독사에게 물린 것보다 더 큰 아픔을 느낀다고 했지 않은가? 따라서 앞에 쓴 화성지역의 이런 훌륭한 여교사 같은 이들을 관계 교육청 당국에서는 효부교사의 표상으로, 또한 참 스승의 사표師表로 삼아주시길 공개 건의하는 바이다.

또 한분의 훌륭한 딸, 金善美 女史!
논현동 일식집 '魚島' 안주인

그리고 아무리 세상이 험하게 변해가도 또한 세상이 온통 황금만능주의로 전락하여가도 천성이 착하고 아름다운 사람은 누가 무슨 소리를 하든, 자신의 삶에 보람과 긍지를 느끼면서 돈보다는 인간을 사랑하며 살아가는 이 땅의 딸들이 있다. 본인이 아무리 사양을 하여도 뺄 수 없는 또 한명의 김 씨 가문의 딸 한 분, 너무도 착하고 아름다운 그야말로 천사 같은 마음씨로 이웃 노인들을 친부모처럼 섬기고 있는 주인공 한 분을 쓰고 싶다.

흔히들 자기 이름값을 하고 사는 사람이 있다고들 하는데 정말 이분 이야말로 자신의 이름자인, 착할선善 아름다울 미美처럼 그렇게 착하고 아름답게 살아가며 사회의 귀감이 되고 있어 기꺼이 소개하고자 한다.

서울, 강남구 논현동 늘봄 공원 부근에 자리 잡은 일식집 '어도'魚島의 안주인이 바로 그 미담의 주인공이다. 90이 넘은 시어머니 한 분 모시기에도 힘이 많이 들터인데 어질고 마음 착한 남편(배정철)의 뜻에 따라 인근의 노인 회관에 수시로 수십 그릇씩의 맛있는 죽을 끓여다 드리는 여인이 있다면 사람들은 거짓이라고 말할 것이다. 그러나 그것은 엄연한 사실이고 진실이다. 그럼에도 김 여사는 자신의 미덕을 끝까지 내세우려 하지 않고 감추려는 철저한 겸손함의 주인공이기도 하다.

하기야 인류의 구원자이신 예수 그리스도께서도 오른손이 하는 일을 왼손이 모르도록 하라고 가르치셨다만 어쨌거나 '어도' 사장의 부인은 보통사람들은 흉내도 낼 수 없는 착하고 선한 일을 하고 있어 정말 사회의 귀감이 되고 있다 손님들의 식대에서 3천 원씩 떼어 저축했다가 서울대 병원에 어린이 환자 수술비로만 5억여 원을 갖다 준 이런 부부에게 우리가 배워야할 교훈은 무엇일까? 한참 망설여진다. 설사 남편이 그렇게 하자고 해도 "당신 미쳤어! 그 돈으로 땅이나 좀 사둬요, 자고 나면 뛰는 땅값인데, 이렇게 밤낮으로 죽을힘을 다해 식당 하여 돈 벌어 다른 사람 도와줄 필요가 어디 있어요?" 그 한 마디면 요즘 남자들 모조리 꼬리 내리는 판국인데 정말 부창부수夫唱婦隨인지 이 부부는 일 년 삼백 육십오일 단 하루도 쉬지 않고 노력하여 벌어서 이렇게 값어치 있는 기부문화에 앞장서고 있으니 정말이지 하느님께서 두고두고 아낌없는 축복을 내려주실 듯싶다.

10

지극한 슬픈 과거를 지닌 한국인의 딸, 김영희 씨

그 불행한 과거를 딛고 불굴의 의지와 가이없는 모정으로 혼혈 아들을 세계적인 인물로 키워낸 그 어머니, 시베리아 겨울 들판 같은 절망의 눈바람 속에서도 희망이란 무기 하나로 멸시하는 외가 나라와 애비에게 버림받은 그 아들을 버리지 않고 하루 서너 시간 밖에 자지 못하며 손에 지문이 문드러지도록 고된 일을 하면서도 사랑과 눈물로 그 아들을 그토록 장하게 키워낸 여인, 김 영희 씨는 그야말로 세계적 영웅을 길러낸 훌륭한 한국의 딸.

10

30년, 시린 눈물 먹고 살았을 '하인즈 워드' 어머니의 이야기

이 땅의 남존여비와 남아선호도 사상의 역사는 가난한 집 딸들의 서러운 눈물로 강을 이루었다고 해도 과언이 아니다.

특히 아들을 못 낳은 어머니들의 한恨에서부터 시작하여 남형제의 공부 뒷바라지를 위해 희생양이 되어 온갖 고통을 감수해야만 했고 그래서 제대로 못 배운 딸들은 이른바 '공순이' 소리를 들어가며 살아야 했으며 그 어린 딸들이 차디찬 도시락을 들고 다니며 밤잠 못자며 힘들게 번 돈으로 공부한 아들들

중에는 권력 께나 휘두르는 판사, 검사나 고위 공직자도 상당수 있었을 것임에도 그런 남형제의 아내로 들어온 올케라는 여인들은 대개가 부잣집 딸 이라는 자만심으로 자신의 남편을 출세시켜 준 시누이들을 무시한 여인들이 한 둘이 아니었음을 우리는 책과 영화에서도 많이 볼 수가 있었다. 그것이 그 시대가 만들어 낸, 있는 집안의 딸들과 없는 집안 딸들의 피할 수 없는 운명이라고만 해야 할까?

그런 세월의 와중에 특히 가난에 찌들린 가족들이 겪은 배고픔의 고통과 그 한의 설움을 씻기 위해 소중한 몸을 팔아야만 했던 불쌍한 딸들, 그 수많은 이 땅의 슬픈 딸들이 흘려야만 했던 눈물 중에서도 가장 서럽고 가슴 아팠던 과거사 중에는 흔히 말해온 '화냥년' (환향녀의 변어) 그 역사를 거슬러 올라가 병자호란 때 오랑캐들에게 끌려가 모진 성적 고초를 겪다 귀국한 뒤 따뜻한 위로를 받기는커녕 가족과 사회로부터 버림을 받았던 여인들. 조선시대의 불행했던 그 환향녀還鄕女들, 그 딸들에게 세상은 저 년들은 더럽게 몸을 판 화냥년들이라 함부로 욕하고 매도했으며 그다음으로 이어진 6.25사변과 더불어 '매춘부' 또는 심지어 '양갈보'라는 극단적인 멸시대상의 서러움을 안고 살아온 딸들은 또 얼마나 많았던가?

정든 고향과 일가친척, 그리고 부모형제들 마저도 외면하고 스스로 성과 이름을 바꾸고 자취를 감추며 멀리 해야만 했던 빈곤층 딸들의 참담한 생활상은 차라리 피와 눈물로 얼룩진 통한의 강물이라 표현해야 할 것이다.

그중에서도 외국병사들, 특히 흑인병사들을 상대로 몸을 판 이른바 '기지촌 여인들'의 삶, 그것은 정말 일반인들은 상상하기 어려운 술과 마약, 그리고 폭력이 난무하는 악의 꽃들이 쉴 새 없이 피고 지는 최하의 인간습지대의 참담한 시궁창 생활이라 해도 항변할 사람 아무도 없으리라 본다.

그런 척박하고 음침한 땅에서도 '국제결혼'이라는 미명으로 드물게 가족성공을 거둔 여인들도 간혹 있기는 하나 대개의 여인들이 미군병사들의 배신이라는 칼에 맞아 또 한 번 크나큰 상처를 입고 좌절과 절망을 겪은 예가 대부분을 차지한 것은 숨길 수 없는 그 세계의 슬픈 풍경화였고 약소국이었던 이 나라 딸들의 일그러진 자화상이었으며 그것이 자라나 오늘날 흔히 말하는 '반미사상'이라는 이념의 씨앗을 잉태했는지도 모른다.

그러나 썩은 물속에다 뿌리를 내려 아름다운 꽃을 피워내고 고고한 향기를 내뿜는 연꽃처럼 이 나라 50년 반세기 기지촌, 그 참담한 역사 속에 한 송이 멋진 모성애의 꽃을 피운 휴먼스토리 한 토막….

이미 우리의 뇌리에 서서히 잊혀져가고 있는 일이지만 2006년, 온 세상을 들썩하게 한 미 슈퍼볼의 최고 인기스타가 된 '하인즈워드'의 어머니 김영희 씨와 그 아들 워드의 과거사 사연을 듣고 감동하지 않은 사람은 한 사람도 없었을 것이다. 그녀의 그런 굳센 의지와 억센 힘은 과연 어디서 나왔을까? 아마도 우리의 매운 고추장과 짜고 씬 김치를 먹고 자란 한국의 딸,

그 특유의 오기였으리라. 밟히고 짓밟혀도 죽지 않고 지진이 일어나고 산불이 일어나도 죽지 않고 살아나는 억새풀 뿌리 같은 강인한 정신으로 살아온 여인, 말로써 형언하기 어려운 시련을 잘도 견디어 내어 결국은 세계적인 영웅스타 아들을 탄생시킨 보기 드문 '한국의 딸'이 된 것이다.

피아노를 잘 쳐서 세계적인 피아니스트를 만들고 운동을 잘하여 지구상에 이름을 날린 올림픽 금메달을 딴 아들딸을 둔 엄마만 훌륭한 어머니가 아니다. 아무도 돌봐주지 않는... 오히려 온갖 빈정대는 소리를 들어가며 속으로 흐느끼면서 피부색이 다른 혼혈아들을 키워낸 그 어머니는 얼마나 길고긴 인고의 밤을 지새웠을까?

그러나 그 불행한 과거를 딛고 불굴의 의지와 가이 없는 모정으로 아들을 세계적인 인물로 키워낸 그 어머니, 시베리아 겨울 들판 같은 절망의 눈바람 속에서도 희망이란 무기 하나로 멸시하는 외가 나라와 애비에게 버림받은 그 아들을 버리지 않고 하루 서너 시간 밖에 자지 못하며 손에 지문이 문드러지도록 고된 일을 하면서도 사랑과 눈물로 그 아들을 그토록 장하게 키워낸 여인, 김영희 씨도 이제야 말로 세계적 영웅을 길러낸 훌륭한 한국의 딸로 역사는 기록해줘야 하리라!

그녀가 30여 년 전 기지촌 여인으로 생활하고 흑인 병사와 결혼하여 검은색 피부의 그 어린애를 낳았을 때 친정 나라인 고국 땅에서 받은 감당하기 어려운 수모와 멸시를 그녀는 어떻게 참아내고 극복 하였을까? 를 우리는 생각해야한다. 거기에

다 그녀는 흑인병사였던 남편에게서 '이혼'이라는 또 한 번의 감당키 어려웠던 배신에 따른 시련을 이국 만리 미국 땅에서 맛봐야 했고 그 세찬 눈보라 비바람 앞에 어리디 어린 아들 하나를 안고 홀로 선 그녀의 가슴 속에는 그래도 언제나 자식이라면 생명과 같이 생각하는 한국의 딸 그 숭고한 영혼이 살아 있었고 코리안의 뜨거운 피가 심장에 파동쳤을 것이다.

그래서 흐르는 피눈물을 속으로 삼키면서도 오로지 살아야 한다는 그 굳건한 정신 하나로 누가 뭐라든 비록 언어와 문화가 다른 그 외로운 이국땅에서 혼혈의 아들을 한국의 고유음식인 김치와 된장찌개로 미국 최고의 인기스포츠 왕으로 키웠으며 언제나 겸손하고 또 겸손 하라며 때론 매서운 회초리로 삼강오륜의 정신바탕이 깔린 한국의 엄마로 교육을 시켜왔기에 그녀는 그 모진 30수 년 간 풍파의 강 속에서 어느 누구도 감히 생각지 못한, 어느 재벌기업의 수익보다 더 큰 돈을 벌며 훌륭한 사회사업을 펴고 있으며 3만 5천여 국내 혼혈아들의 우상이 된 청년, 어마어마한 월척의 황금잉어보다 더 자랑스런 검붉은 영웅, '하인즈워드'를 키워냈던 것이다.

호랑이에게 물려가도 정신만 바짝 차리면 살아날 수 있다는 속담이 있듯이 그 힘들고 어려운 현실 여건 속에서도 정신을 바짝 차리고 살아온 한국의 딸, 강인한 정신의 소유자인 그녀에게 이제 누가 저 여자는 시궁창 생활 같은 기지촌 출신이라며 돌팔매질을 할 것인가?

한국이여! 한국인들이여!

지금은 우리의 뇌리에 서서히 잊어져 가고 있는 김 영희 씨와 그 아들 모자의 슬픈 과거사 이야기를 우리는 결코 망각하지 말자. 어쩌다 운이 좋아 그렇게 된 거겠지 뭐 하고 평가 절하하지도 말자.

따라서 어떤 환경이나 어떤 고난이 따르더라도 열심히 노력하고 슬기롭게 극복하면 그 고통의 밭에는 반드시 성공의 꽃이 피어나게 된다는 큰 교훈을 우리에게 안겨준 그 엄마와 아들을 보면서 오로지 과잉보호 속에서 자식들을 온상의 화초처럼 키우려는 이 시대 일부 젊은 엄마들은 혹여나 남편의 사업 실패나 실직의 불행이 따르는 그런 고난의 일이 생기더라도 김 영희 씨 모자에게서 그 모진 풍파를 견뎌온 한 떨기 야생화野生花 같은 생존의 철학을 배워야 하리라 생각한다. 온상의 화초는 약간의 비바람에도 쓰러지기 쉽지만 온갖 폭풍우를 온몸으로 맞으며 자라난 야생화는 웬만한 비바람쯤은 굳건히 견뎌낼 수 있는 의지를 갖고 있기 때문이다. 터지는 한숨과 흐르는 눈물을 참고 견디며 어렵게 인간승리의 꽃을 피운 그 모자의 앞날에 더 큰 행운이 따르고 그들이 약속한 대對 한국 사회사업이 훌륭하게 번성하기를 우리 모두 기원을 해주자. 그런 면에서 이번 이명박 대통령 취임식에 「하인즈워드」가 국빈자격으로 초빙된 것은 퍽 잘한 일이였다. 눈물로 얼룩졌던 어머니의 슬픈 과거사를 치유해 줄 수 있는 외가 나라가 베푼 뜻 깊고 유익한 위로가 되었으리라.

11

조선조 말, 비운의 皇太子妃

여사께서는 1901년 11월, 일본 동경 이본궁 守正王家의 제일 왕녀로 마치 한 송이의 보기 드문 꽃처럼 고귀한 신분으로 태어났으며 어느 누구도 감히 함부로 접근 할 수도 없는 공주처럼 귀족중의 귀족으로 자라났다. 1919년 왕족들의 자녀들만 갈수 있는 특별교육기관인 일본학습원(대학과정)을 졸업했고 1920년 4월, 일제의 간교한 술책과 정책적인 그야말로 야비하고 정략적인 국제결혼'을 강제로 하게 된다.

11

일본인 딸로 태어나 조선의 王家며느리 된 李方子 女史

일본인으로서는 최고의 신분인 일본왕족의 딸로 태어나 우리 이조 5백년 마지막 황태자인 영친왕과 정략적인 결혼을 하여 한국인이 되었으나 참으로 기구하고 한 많은 일생을 보내신 어른 이방자李方子여사의 일대기를 살펴보면 정말이지 '이럴 수가'라는 탄식의 감탄사가 절로 튀어나온다. 나는 80년대 중반, 方子여사를 낙선재에서 몇 번 만날 기회가 있었으며 그래서 그분으로부터 직접 그 많은 과거사를 상세히 전해들을 수 있는 기회를 얻었다.

비록 조국이 다르고 민족 문화가 다른 일본인의 딸이지만 너무도 존경스런 인품을 지닌 어른이라 우리 역사책에서 볼 수 없는 몇 가지 특이한 사연만을 간추려 고결하신 인품과 우리가 꼭 본받아야 할 너무도 자애로우신 그 모습을 이 책에 선연하게 심어두려는 것이다.

여사께서는 1901년 11월, 일본 동경 이본궁 수정왕가守正王家의 제일 왕녀로 마치 한 송이의 보기 드문 꽃처럼 고귀한 신분으로 태어났으며 어느 누구도 감히 함부로 접근 할 수도 없는

80년대 중반, 필자와 함께 낙선재 거실에서의 李方子 女史

공주처럼 귀족중의 귀족으로 자라났다.

李方子 여사는1919년 왕족들의 자녀들만 갈수 있는 특별교육기관인 일본학습원(대학과정)을 졸업했고 1920년 4월, 정책적인 그야말로 야비하고 정략적 '국제결혼'을 강제로 하고….

남편 되신 분은 이미 다 아는 사실이지만 그러니까 우리 조선조 마지막 황태자(고종황제의 셋째 아들 = 李垠왕자)이다. 그때부터 여사의 운명은 한마디로 비바람속의 나무같은 비운의 황태자비皇太子妃가 된 것이고 한국과 일본의 관계, 복잡다난한 그 최전방에서 몰아친 온갖 거센 풍파를 몸소 감당해야 했던 시대의 풍운녀가 되었으며 본의 아니게도 이 땅이 제2의 조국이 된 것이다.

1945년 8월 15일, 해방이 되자 재일在日한국인으로 등록이 되었지만 일본과 매우 감정이 좋지 않았던 이승만 초대 대통령으로부터 엄청난 설움을 당해야만 했다. 그 이유는 단지 여사가 일본인 그것도 '황皇족의 딸' 이라는 그것 하나였다. 당시 이승만 대통령은 그 분을 무척이나 미워했고 황태자비라는 그 신분조차 인정하지 않으려 했으며 그뿐 아니라 시댁의 나라인 우리나라에 환국도 못하게 압력 행사를 했다고 여사는 서러운 감정을 회고하였다.

그러다가 5.16혁명 후 박정희 대통령께서 각별한 온정과 배려를 하여 대한민국 국적을 회복하게 되었으며 부군인 영친왕과 함께 그리던 남편의 고국으로 환국하였다. 우선 말이 다르고 음식과 풍습이 다른 나라, 거기에다 36년 동안 우리나라를 식민지국으로 지배한 일본인들의 온갖 만행에 상당한 적개심을 갖고 있던 우리 국민들로부터 보이지 않는 증오심에 항상 움츠려 살아야했고 언제나 불안 속에 떨었으며 더욱이 부군이신 영친왕의 병세 악화 등 정말 감당하기 어려운 온갖 시련을 묵묵히 참아내었으며 때로는 생활비조차 어려워 무척이나 힘든 생활을 하다가 박대통령의 영부인 육영수 여사의 각별한 도움으로 몇 년 간 낙선재에서 그런대로 안정된 생활을 할 수가 있었다. 여기서 우리가 주목해야할 것은 무엇보다 이씨 조선 5백년 동안 물려 내려온 왕가의 그 엄청난 재산이 원칙적으로는 이 두 분 영친왕 내외분에게 상속이 되어야했고 그 재산의 처분권도 그 분들의 권한에 속해야함에도 이승만 자유당 정권은 그 권리를 무차별 박탈시켰으며 비록 정식으로 왕좌에 등극은 하지 못했지만 그래도 영친왕英親王이란 칭호까지 받은 존엄스런 황태자를 건국 이후 정권을 잡은 자유당 정권은 안하무인격으로 그 분들의 인격을 무참히 깎아내려버린 이해하기 힘든 무례를 범했지 않은가 싶다.

그런 사실을 안, 후임 윤보선 대통령이나 박정희 대통령은 그래도 두 내외분을 깍듯이 보살핀 예우의 흔적이 남아있음에 대해 방자 여사께서는 상당한 감사의 마음을 지니고 있었다.

1970년 5월, 여사께서는 하늘같은 존재이며 사랑하는 남편인 영친왕 이은 공李垠 公께서 병환으로 서거하자 정말이지 천 길 낭떠러지로 떨어진 느낌이었을 것이다.

그러나 여사께서는 정말 왕녀王女다운 대범함과 침착성을 잃지 않았으며 친정 나라인 일본국과 친족들로부터 다시 일본으로 돌아와 여생을 외롭지 않게 사시라고 상당한 권유를 했으나 여사께서는

> 아니다. 나는 일본의 딸로 태어났지만 한국인과 결혼하였고 자식을 낳은 한국인이 되었다. 그러므로 이제 나의 뼈가 묻힐 땅은 친정 나라인 일본이 아니라 시댁 나라인 이 땅 대한민국이다.

라며 굳건한 신념으로 일본의 재 환국을 단호하게 거절하신 어른이다. 시아버님인 고종황제가 일본인 손에 의해 독살당하고 이어서 왕손인 큰아들 진晉이 역시 독살을 당했고 단 한 명의 시누이인 덕혜옹주마저 일본으로 끌고 가서 나중에 정신병자로 만들어버린 친정 나라 일본에 대한 저주와 증오심이 얼마나 컸을까? 필자가 여사를 만난 80년대 중반, 그때까지도 일본의 관광객들은 한국에 오면 제일 먼저 낙선재로 몰려와서 여생을 쓸쓸하게 보내고 계시는 그 어른에게 마당에 엎드려 큰절로 알현을 하는 것을 직접 보았다.

(※알현 : 지체가 매우 높은 어른께 마당에 엎드려 올리는 큰절)

그만큼 일본의 일반 국민들에게는 숭배의 대상인 여사를 그렇게 슬픈 비운의 주인공으로 만든 자들은 우리 조선을 자기네 지배하에 꼼짝 못하게 넣어두기 위해 약소국의 어린 황태자를 인질로 끌고 가 方子여사와 강제 결혼을 시켜 버린 당시의 일본 정부의 이등박문 등 악질적 고위직들이었다.

그러나 여사께서는 천년바위와도 같은 굳은 신념으로 지조를 지켰으며 외롭고 쓸쓸함을 우리나라 신체장애자들을 돕기 위한 자선행사와 육영사업으로 이겨내신 훌륭하신 어른이다. 나에게 손수 만드신 칠보반지와 친필 서명 사인을 하여 건네주신 당신의 회고록 「세월이여, 왕조여!」라는 책에 보면 다음과 같은 사연이 담겨있다.

1966년 1월, 제2한강교 옆인 동교동에 조그만 2층 방 하나를 얻어 사단법인 자행회慈行會를 설립했다. 창설 멤버는 남궁연씨(조선공사 회장 부인) · 명계춘씨(박두병 두산 그룹 회장부인) 한기주씨(피아니스트) 등이었다. 이 분들은 초창기 어려운 시기에 이 사업을 위해 많은 애를 쓰셨다. 정신박아에 대한 인식이 잘 안 되어 있던 시절이라 여기저기 수소문해서 정박아 어린이 2명을 데려다가 시작했고 그 뒤 한 명씩 두 명씩 늘어났다.

박정희 대통령 부인 육영수 여사는 참으로 우리 일을 많이 도와주셨다. 우리가 63년 귀국했을 때 지급받기 시작한 생계비 15만원은 낙선재에 딸린 수십 명의 직원 월급과 윤대비, 덕혜옹주와 아들 구 부부 그리고 노상궁 세 분의 생활비, 겨울이면 50여 개의 방들을 비워둘 수 없어 월 3,000장까지 연탄이 들어가는 연료비, 수리비, 교통비, 병원비 등을 충당하기에는 너무 적은 돈이었다. 낙선재 관리비는 이 15만원이 기준이 되어 인상율이 너무 낮아 그 뒤 조금씩 올라갔다 해도 생활을 꾸려 가기가 힘들었다. 직원 수를 줄이고 생존한 세분 상궁을 내보낼 방법까지 연구했으나 상궁들은 갈 곳도 없는 분들이었다.

육 여사는 이러한 우리의 사정을 알고는 대통령께 여러 번 부탁드려 71년에 우리의 생계비를 월 60만원으로 올려주었다. 참으로 당시로서는 파격적인 인상이었다.

육 여사는 또 자행회 사업에도 무척 관심을 가지고 나를 격려하고 도와주었다. 자행회에는 정박아 어린이들이 늘어나는데 수용할 시설이 없었다. 이들을 위한 학교와 훈련시설이 필요했다. 육 여사는 71년 자행회 부설 자혜학교 건립 기금으로 1천만 원을 내놓았다. 1천만 원이면 지금은 1억 원도 넘는 큰돈이었다. 이 기금과 은행에서 융자받은 1천 5백만 원을 합쳐 71년 10월, 경기도 수원시 탑동에 자혜학교를 건립했다. 갈 곳이 없던 수십 명의 정박아들이 신축한 학교에서 뛰어놀고 공부하고 훈련받는 모습은 정말 눈물겹도록 기쁜 것이었다.

또한 일본관광객들도 우리가 낙선재에서 살고 있다는 소식을 듣고는 낙선재를 방문해 주었다. 그들은 내가 하는 사업이 잘 되기를 기원하면서 기부금을 내놓고 가곤 했다. 이렇게 모아진 돈 3천만 원으로 71년에 서울 종로구 인사동에 4층짜리 명혜회관을 지었다. 이 회관을 개원하고 농아와 소아마비아 등에게 미싱·자수·편물·목공예 등을 가르쳐 그들이 자활할 수 있는 능력을 길러주도록 했다. 71년에는 일본에서 자행회와 명휘원 후원회인 명혜회가 발족되었다. 샤프주식회사 회장인 조천 씨를 대표로 경제계와 각계 인사 200여 명이 회원이 되어 지금도 꾸준히 나의 일을 도와주고 있다.

한국 경제계에서는 60년대와 70년대 초에 우리의 사업을 별로 잘 이해하지 못했다. 그러나 70년대 후반에 와서는 경제가 안정되고 이웃의 불우한 사람들을 위한 일에도 점차 눈을 돌리게 된 것 같다. 그 결과가 1978년, 지금의 경기도 광명시 철산리에 세워진 대지 2,904평, 건물 570평의 명혜회관이다. 이 회관은 현대그룹의 아산재단에서 사회복지를 위해 희사한 3천 만 원이 기초가 되고 대림산업의 1천 만 원 등 경제인들의 힘을 보태주어 건축하게 된 것이다.

이곳은 본과와 실습과로 나뉘어 본과에서는 13세 이상 18세 미만의 신체장애자들에게 1년 동안 사회에 적응할 수 있는 기초교육과 실습을 지도한다. 실습과에서는 본과를 수료한 학생들이 본격적인 기술 지도를 받아 기술자로 양성된다. 미싱자수와 수편물·기계편물·양재·목공예·전자제품 조립·건축 도안 등의 기능을 배워 취업을 하고 자기들끼리 결혼해서 행복하게 사는 사람들도 있다.

이들은 또 무용·합창·기악·체육·타자 등의 특별활동도 열심히 한다. 비록 말 못하고 귀가 안 들리는 농아들이지만 합창이나 기악연주, 무용을 할 때의 진지한 모습은 무어라고 형언할 수 없는 감동을 준다. 활동이 불편한 소아마비아들도 열심히 운동을 하여 80년대 에는 오오사까에서 열린 신체장애자 체육대회에 나가 금메달을 따오기도 했다. 나는 일본과 한국의 여러분들이 기부해 주는 것 외에 내 힘으로 이들을 위한 기금을 만들기 위해 시간 나는 대로 칠보와 자기·글씨·그림 등을 하고 있다.

대략 이와 같은 사연들이 담겨 있지만 그런 어려운 환경 속에서 그런 무한한 자비 정신이 솟구쳤다는 자체가 사람들을 감동케 하는 일이 아닐 수 없다.

2007년 말, 우리는 신정아 사건에서 도출된 수십 억 원의 이름 모를 돈을 안방의 금고에 숨겨 두었던 모 재벌기업의 부인과, 또한 모 재벌회장의 주변 부인들이 큰 구설수에 올랐던 수백억대의 미술품 소장 사건을 보았다. 뿐만 아니다. 모 전직 대통령 부인은 자신의 남편이 대통령이 되어 도적질(?)한 돈 중 수백 억 원을 빼돌린 조카를 잡아가두고 그 돈을 받아내기 위해 소송을 건 정말 구역질나는 짓을 하는 꼴도 보았다.

잘난 한국의 딸들! 왜들 이러는가? 그런 여인들은 필자가 쓴 일본의 딸, 마사꼬 이방자李方子 여사의 훌륭한 정신이 실려 있는 이런 기사를 읽고 또 읽고 참회해야 할 것이다. 아직 우리는 재벌 부인 등 최상의 지도자급 부인들이 이 여사 같은 그런 신념으로 불우한 이웃을 적극적으로 도왔다는 이야기를 못 들어 보았으므로 우리나라의 모든 지도층 여류들도 이런 숭고한 정신을 지니신 어른의 품행을 배우고 따라야 하리라 믿는다.

그 숱한 절망과 서러움 속에서도 오로지 나보다는 불행한 이웃과 사회를 위해 헌신, 봉사하며 살다 가신 어른 이방자李方子 여사는 비록 비운으로 살다가셨지만 전 세계 인류의 귀감이 된 테레사 수녀님같이 영원불멸 마음과 마음들의 존경을 받아야 할 어른이라 생각된다. 그리고 안방 금고에 비자금 수십억씩 챙겨두었다가 검찰에 압수당한 모 재벌 부인 같은 여인들, 전직 검사 출신의 정치인 박철언 1,000억대 비자금 사건도 그 부인 현경자(전 국회의원)는 몰랐을까?

아, 역사의 심판을 받아야 할 욕심 많은 대한민국 딸들은 이런 어른들의 숭고하신 정신을 배워 불우한 환경에 처해있는 사람들 위해 돈 좀 쓰고 세상 떠나기를 부탁한다. "이 세상에 내 것이 어디 있나? 다 던져버리고 갈 것인데…" 라는 선현의 말씀을 새기고 또 새겨가면서… .

12

항상 바르게 살다가신 金氏 가문의 딸, '사일송정아지매'

어리디 어린 자식들을 굶겨죽이지 않기 위해 그때부터 피눈물 나는 고생을 해야 하는 것은 당연히 그 집 안주인의 몫이 된 것이고 그 험난한 가난의 멍에는 아무 죄도 없는 엄마들이 다 감당을 하였으며 그 불행한 시대에 가난을 피할 수 없었던 운명의 주인공 '사일송정아지매' 생전의 이야기….

12

울산 현대중공업산하 (株)瑞一 대표이사 徐錫一 사장 모친

나는 지금의 울산광역시 울주군 범서읍 사일이라는 전형적인 농촌마을에서 태어났고 그곳에서 내 소년시절을 보냈다. 당시 농촌 환경이 대체로 다 그랬지만 '가난'이라는 운명의 멍에를 숙명적으로 짊어지고 살아야 했으며 그건 어쩔 수 없었던 그 시대적 상황이었다. 사일泗日, 현재 그곳에는 심성 착한 집안 조카 '서백수'라는 이장이 오랫동안 마을의 살림을 맡아 잘 융화보존하여 가고 있다는 소문을 들었다만 200년이 넘는 역사와 전통을 지닌 그 마을은 윗대로 통정대부通政大夫를 지내신 선조의 후손들 30여 가구 전부가 우리 달성서가達成徐家 문중으로 이룩된 씨족부락이고 타성 이라고는 하인(집안의 종)으로 살았던 성돌이네라 불렀던 한 집밖에 없었던 마을이다.

지금 생각하면 도무지 이해가 잘 가지 않는 무지한 인간차별의 봉건사상이 진하게 묻어있던 '양반과 쌍놈' 시대의 이야기지만 어쨌든 그 집 아들 성돌이라는 아들과 딸 종필의 부모들인 60대 어른들이 우리 같은 어린 아이들에게도 '도령님' 이라는 호칭으로 예를 바쳤으나 우리는 그런 나이 많은 어른들에게도 꼴에 '양반자손' 이라고 그랬는지 건방지고 버릇없이 반말을 하였던 송구스러운 기억이 난다. 참으로 기가 막히는 이야기다.

6.25사변 후 그들은 그 종살이가 싫어서 부산으로 떠나갔는데 죽었는지 살았는지 알 수 없다만 고생 많았던 가족들 그 후손들이라도 어디서든 부디 행복하게 살아가길 바란다. 울창한 왕대 숲으로 둘러싸인 큰집 대종가인 화곡댁은 우리 문단의 거목 박경리 여사가 쓴 소설 '토지' 에 등장하는 최참판댁보다 더 큰 대문이 몇 개나 되는 웅장한 기와집이고 대문 앞 입구 쪽에는 큼직한 연당이 있어 해마다 수백송이의 연꽃이 아름답게 피어나 그 향기가 진동하였으며 지금은 전통보존 가옥으로 지정받아 오랜 세월을 견뎌가고 있는 줄 알지만 우리 대종가의 서직자徐直子는 민족소설 토지속의 주인공이며 최참판댁의 손녀, 서희와 같은 모습으로 언제나 정숙했으며 친절하고 어질었던

모친, 청도댁을 닮아서인지 겸손하고 마음착한 딸로 성장했고 훗날 울산광역시의 서기관까지 승진하여 공직자로서는 울산시에서 비슷한 시기 부이사관을 지내신 역시 같은 마을 출신 徐寬圭(부구청장역임) 문중어른 다음으로 그 마을이 생긴 이래 공직출신 딸로서는 최고의 출세를 하였다.

대대로 수많은 딸네들이 달성서씨라는 성씨하나를 지니고 태어나고 자라나서 출가들을 하였지만 일일이 다 쓸 수가 없어 대종가의 장손녀만 대표로 쓴 것임을 사일출신의 모든 따님들이 이해하여 주시길 바란다. 내가 세상에서 최초로 울음을 터트렸을 때 탐스런 고추달린 손자 태어났다고 우리 할매가 함박웃음꽃을 피웠을 그 땅은 비록 가난의 눈물은 고였지만 인정이 흘러넘치던 마을이었다.

잠시 눈을 감고 오랜 회억回憶의 그 앞 강물을 생각하면 낮에는 파란옥색 비단결같이 춤을 추었고 저녁나절이면 가을바람결처럼 싱그러운 소리를 내며 색상고운 물새들을 싣고 유유히 흘러간 강물이었다.

어쨌든 그 마을은 다른 일반 농촌과는 매우 다른 지형적 여건이 참 좋은 산수의 경치를 지니고 있으며 겨울이면 마을뒷산인 내리꼴 골짜기에서 불어 내려오는 산바람과 사연댐 아래 이삼봉 북천거랑 강바람이 합세하여 마을을 휩쓸어 가끔은 뿌연 회오리가 일었고 수백 년 묵은 아름드리 노송들의 가지에서 떨어진 고운 솔잎들이 온갖 산새들의 울음과 날갯짓 속에 눈발처럼 휘날렸으며 땔감이 부족할 때면 우리들 개구쟁이들은 대갈

쿠리를 가지고 산에 올라가서 그 솔잎들을 긁어모아 새끼줄로 묶어서 지고 내려오면서 넘어지고 자빠져 무릎에 피가 흘러도 그게 그렇게 재미가 있었다. 그뿐인가!

황혼 결 들녘에는 외지에 나갔던 어른들이 하얀 두루마기며 흰 무명 치마저고리를 입고 옷자락을 휘날리며 강 건너 설못들에 걸어 들어오는 모습들은 마치 한 폭의 그림 같았고 들판에 드문드문 서서 춤을 추는 학鶴의 모습과도 같았으며 읍내 장에 갔던 엄마의 장바구니에서 나오는 큼직한 '오다마' 알사탕 한 개, 천하를 다준다 해도 바꾸고 싶지 않은 그 '꿀맛'을 지금의 어린이들은 상상도 못하리라….

앞에서도 잠시 거론했지만 물질의 풍성함보다는 따스한 인정이 흘러 넘쳤고 호박죽이나 팥죽 한 그릇도 별미라며 담 너머로 울타리 구멍으로 서로 건네주고 받았던 인정들이 지금도 살아있는지 모르겠다만 봄이면 마을 앞의 등따물과 요강수에 구비치며 흐르던 강물….

맑다 못해 파랗던 그 강물에는 어른 팔뚝보다 더 큰 등짝이 검붉은 황어 떼가 봄마다 비가 와서 큰물이 지면 알을 낳기 위해 수 백 마리씩 무리지어 올라왔고 여름이면 수박냄새 물씬 나는 싱싱한 은어 떼를 투망이나 낚시로 잡아 올려 고추장에 듬뿍 찍어 으적으적 씹어 먹거나 호박과 풋고추 듬성듬성 썰어 넣고 끓인 은어매운탕, 그 기막힌 맛과 풍류와 낭만, 그리고 인정이 흘러넘치던 강변천렵의 그 재미는 가난과 배고픔 속 당시의 농민들에게는 고난의 세월을 견뎌낼 수 있는 유일한 레저문화였고 푸짐한 먹거리 잔치였다.

배경설명이 조금 길어졌다만 나는 그 청소년 시절의 추억 속에 박힌 일, 마치 오래되어 누렇게 퇴색된 사진 앨범을 뒤척이다 발견한 소중한 한 장의 흑백사진을 볼 때처럼 투영投影되어 오는 이 한편의 서정적인 수필을 쓰는 것이다. '파란만장'했던 내 인생에 무엇이 나를 돈보다 글을 사랑하게 하였으며 나를 외롭고 힘든 작가의 길로 유혹했을까? 그건 아마도 내 영혼에 가득 안긴 한恨의 응어리를 잘라내고파서 든 욕망의 '글 칼'이며 또한 神의 계시라 여겨진다.

이 글속의 주인공은 내 유년시절의 그 마을(사일)에서 '송정아지매'로 불렸던 내 집안 삼종숙모님이다. 내가 굳이 이 글을 쓰는 이유는 그 어른이 사회적으로 남다른 무슨 특별한 명성이나 업적을 남겨서가 아니다.

비록 가난으로 어렵고 힘들게 살아도 절대 비굴하게 살거나 남의 것 조금도 탐하지 않으셨고 오로지 열심히 일하며 분수에 맞게 살다 가신 어른이고 그런 어려운 질곡의 삶 속에서도 언제나 남다른 인정을 베풀고 누구를 원망하거나 욕하는 모습 한 번 보이지 않은 심성이 참으로 천사 같으셨던 분이라 고향 이야기를 쓰다 보니 문득 생각이 난 것이다. 그리도 잔인했던 가난의 역사 속을 살다 가신 그분이 살림 넉넉한 부자로 살았다면…. 쑥스럽지만 40여 년 후 '한국문학을 빛낸 인물' 중의 한 명으로 등록된 집안 조카의 글 속에 모티브가 되지 않았을지도 모른다.

아무튼 지금 내가 쓰고 있는 이 책이 "딸"이라는 이름을 달고 탄생을 하므로 지금 생각해도 그 분은 뉘댁 따님인지 자세히는 모르나 하여간 울주군 두서면 차리(송정마을) 金氏가문의 따님 정도로만 안다만 어쨌든 가정교육을 매우 잘 받으신 분으로 생각되며 약간의 수식어를 단다면 척박한 황무지에 소리 없이 피었다가 향기 없이 사라져 간 한 떨기 이름 없는 들꽃처럼 그렇게 살다 가신 분으로 표현하고 싶다.

고향과 문중의 젊은 세대들은 오래전 세상을 떠나신 어른이라 그 분 '송정아지매'가 어떤 분인지 잘 모르는 사람이 많겠기에 이해를 돕기 위해 그 어른의 딸, 서순남徐順南과 큰아들 서석윤徐錫潤, 또한 현대중공업 협력업체인 주식회사 '서일'瑞一의 대표이사인 막내아들 서석일徐錫一 사장의 어머니임을 밝혀둔다.

혹자들은 나더러 이미 저 세상에 가신 고인이고 평생을 가난의 설움 속에 힘들게 살다 가신 분의 이야기를 쓰면 자손들의 마음을 아프게 하는 일이 될 터인데 뭐하러 이 글을 썼느냐고 말할지도 모르겠다만 나는 평소에 대통령을 비롯하여 국회의원 등 출세한 사람들의 이야기도 상당수 가감 없이 썼지만 가능하면 가진 자보다는 갖지 못한 자 중에서 그야말로 고결한 심성을 지니고 좋은 일 많이 하는 그래서 인간의 향기가 묻어나는 그런 사람들을 찾아 인물평전을 많이 써온 사람의 자부심으로 누가 뭐라든지 소신껏 이 글을 쓰는 것이다.

지금부터 50여 년 전 텔레비전이나 라디오도 한 대 없던 시절, 그때의 대부분의 농촌 남정네들은 겨울이면 심심하고 할일이 없으니까 자연히 어울려 술판이나 아니면 화투놀이 등 노름판으로 소일을 하게 되었으며 그로 인한 가산탕진은 말할 것도 없었고 그것은 무슨 중독성이나 유행병 같은 겨울농한기의 무서운 폐습이었다.

이 마을도 이 댁도 예외가 아니었다. 일부 바깥양반들은 날이면 날마다 어울려 그 꽃의 전쟁 '화투'花鬪에 휘말렸으며 그로 인한 논밭 일이십 마지기 정도가 달아나는 것은 공산명월 찬바람에 낙엽처럼 날아가는 형상이며 남은 것은 한없는 허무와 박탈감 그리고 온 식구들의 생계문제였다.

어리디 어린 올망졸망한 자식들을 굶겨죽이지 않기 위해 그때부터 피눈물 나는 고생을 해야 하는 것은 당연히 그 집 안주인의 몫이 된 것이고 그 험난한 가난의 멍에는 아무 죄도 없는 엄마들이 다 감당을 하였으며 그 불행한 시대의 피할 수 없었던 운명의 주인공중 한 분이 바로 우리 '송정아지매' 였는지도 모른다.

가난, 가난이란 말의 사전적 의미는 '생활이 넉넉지 못함' 이라고 되어 있으나 당시 그 아지매가 겪어야했던 일들은 상상을 초월하였으며 마치 옛날 영화 속에 나오는 흥부네 삶과 다를 바 없었다고 해도 과언이 아닐 것이다. 그러나 그런 것을 숙명인양 받아들였고 팔자소관으로 돌렸던 분이다.

이른 봄, 저 멀리 문수산 잔설더미에서 불어오는 칼바람이 살을 찢는 그 매서운 추위를 무릅쓰고 들판으로 나가 잔디 속에 숨어 자라나는 어린 쑥을 캐야했고 비 내린 다음날은 뒷산으로 올라가 산속의 가시덩쿨을 헤치며 고사리 등 산나물이라도 한광주리 캐와서 멀건 죽이라도 끓여야 철부지 어린자식들의 배고픔을 달랠 수가 있었으니 그 고통이 오죽했으랴… 그야말로 '참을 수가 없도록 이 가슴이 아파도 여자이기 때문에 말 한마디 못한다.'는 이 책의 서두에 실린 '여자의 일생'이란 노래가사와도 같은 운명의 주인공이 아닌가 싶다.

그런데 문제는 그런 뼈저린 고난 속에서도 송정아지매, 그 어른의 모습은 속으로야 어찌되었던 절대로 얼굴을 찌푸리거나 눈물을 잘 보이시지 않았고 항상 평화스런 모습이었으며 인정이 넘치셨던 그런 기억만이 어젯밤 꿈처럼 회상된다.

그렇게 힘들게 살아가던 1960년대 중반, 울산공업단지 건설붐이 일었고 자갈채취 업자들은 자갈이 부족하여 마을을 다니며 부업을 원하는 부녀자들에게 철망으로 된 소쿠리를 나누어 주면서 강변의 잔잔한 자갈을 파서 골라 모아주면 얼마간의 돈을 지급해주던 시절이 있었다.

농사지을 땅도 그렇다고 다른 특별한 돈벌이도 없던 시절 그 아지매도 자연히 그 일을 마다 할 수가 없었으며 손가락 마디마디에 피가 맺히도록 그 힘든 일을 하셨다. 그건 오로지 어린 자식들 입에 거미줄 치게 할 수 없었던 모성애의 눈물겨운 노력이었고 처절한 생존의 몸부림 이었으리라….

옛 어른들은 이 세상에서 제일 겁나는 것은 뭐니뭐니해도 당장 밥솥에 넣을 양식이 떨어졌을 때라고 하셨다. 그러니 당시 그런 절박한 환경에 처하신 그 아지매가 토하신 한숨을 모았다면 태산이 되었을 것이고 남몰래 흘린 눈물을 다 모았다면 강물이 되었을지도 모른다.

그런 어느 날이었다. 내가 군대생활을 마치고 제대를 하여 고향마을에 다니러 오는 그 날은 유난히 바람이 세차게 불었고 몹시도 추웠다. 강바람은 윙윙거렸고 혈기왕성한 우리들 20대 청년들도 추워서 견디기 어려웠던 그 날 장 나들길 저만치서 그 아지매가 곡괭이와 호미로 자갈을 파고계시기에 다가가서 이 추운 날씨에 고생이 얼마나 많으시냐고 인사를 하자 보통 사람들 같았으면 그냥 형식적인 답례나 하련만 그 아지매는 “아이고 우리 미남 총각 어데갔다 인자 오노?” 하시면서 환하게 웃으며 매우 반갑게 대하시고 머리에 쓴 타올을 벗어 먼지를 털고는 나더러 군에 가서 배고파 얼마나 고생 했느냐면서 옆에 있던 보자기를 풀어 무엇을 하나 꺼내어 내미셨다.

생전 부귀나 행복 같은 것과는 별로 인연이 없었던 당시의 송정아지매, 그 어른의 인자함과 나눔의 정이 40년 세월이 흘러간 지금까지 나의 뇌리에 사라지지 않고 있는 이유는 따로 있다. 그것은 다름 아니고 당신께서 그 힘든 노동을 하시며 점심식사로 갖고 오신 귀한 음식을 군대 갔다 오는 이 조카에게 아낌없이 내미신 것은 소다와 사카린이 든 까만 콩이 박힌 시커먼 보리떡 두 개 중 한 개였다. 요즘은 그런 것이 건강식품에 속한다고 일부러 사먹기도 하지만 당시로서는 형편이 어려운 집에서 부득이 만들어 먹는 아이들 간식용 또는 어른들의 요기

꺼리였다.

나는 배고프지 않다며 사양을 하면서 아지매 잡수시라고 손을 흔들었으나 그 어른은 기어이 나를 붙잡고는 그냥 가면 맛없는 것 준다고 안 먹나 싶어 섭섭해서 안 된다며 하나 먹고 가라 한사코 권하시는 아지매의 눈가에 시린 눈물 한 줄기가 그렁그렁 고이고 있었다.

그래서 할 수 없이 받아먹은 그 보리떡….

아! 그 보리떡 한 줌을 씹는 순간 왠지 내 콧날이 찡해 왔다.

도대체 가난이 무엇이길래 이 추운 겨울에 마흔을 넘기신 분이 강가에서 차디찬 보리떡 한 두 개로 허기를 달래며 이 힘든 일을 해야 하나 싶었기 때문이다. 그렇게 씹은 그 보리떡은 내 목구멍에 차마 넘어가지 못하고 입안에 뱅뱅 돌았으며 나는 가방을 열어 부대에서 갖고 온 해병건빵 한 봉지를 선물로 드리면서 작별 인사를 하고 돌아서는데 그만 이름 모를 설움이 울컥 치솟았다. 그러나 나는 그날 그 일로 하여 그 어른의 베품의 정에 큰 감동을 받았던 기억이 남아있다.

타고난 천성이 얼마나 어질고 인자하시면 당신 혼자 잡수셔도 허기가 질 터인데 그 떡을 나에게 나누어 주실까 싶었고 그때 내 가슴에 '인정이 참 많으신 어른'으로 뚜렷한 각인이 새겨져 훗날 내가 문단에 등단한 작가가 되어 이렇게 그때의 일들을 회상하며 이 수필을 쓰고 있는지도 모르겠다만….

아무튼 옛말에 인심은 쌀독에서 우러나온다는 말이 있다. 그것은 쌀을 나누어 먹을 수 있는 여유가 있어야 인심을 얻을 수 있다는 말이지만 그런데 그 어른은 부잣집 쌀독이 아닌 가난했지만 따스한 마음 샘에서 인심의 샘물을 퍼 올리신 분이라고 말하고 싶다.

그런 한참 후였다. 내가 직장을 잡고 결혼을 하여 울산에 살 때였는데 마침 그 아지매 집도 사일을 떠나 우정동 우리 집 부근으로 이사를 오셨으며 어느 날 그 아지매 집에 무슨 어려운 일이 하나 생겨 나에게 부탁을 하셨고 지금 생각해보니 꽤나 어려웠던 그 일을 내가 성의를 다하여 잘 수습해드린 것 같다만 아무튼 고향인 시골에서 그렇게 힘든 중노동으로 고생하신 그 어른은 시내로 내려와 시누이와 함께 팥죽 장사를 시작하셨는데 죽 끓이는 솜씨가 얼마나 좋았는지 그런대로 장사가 잘되어 시골 살 때보다는 생활이 훨씬 향상된 듯싶었다.

그런 어느 날 이었다. 그 어른은 또 정성스럽게 새알 같은 찹쌀 수제비를 듬뿍 넣어 끓이신 팥죽 한 냄비를 들고 우리 집에 오셨으며 "내가 조카 신세 갚을 것이 이것밖에 없어 너무 부끄럽다" 시며 몹시 수줍어하시던 그 모습이 지금도 내 눈에 선하다. 돈으로 따지면 비록 얼마 안 되는 팥죽 한 냄비라 하지만 누구에게 신세를 지면 잊지 않고 꼭 갚으시려는 그 마음씨, 그 자상하고 후덕하신 심성에 우리 부부는 큰 감명을 받았던 것이다.

그 후 어느 명절 대목 때였던 것 같다. 나의 아내가 시장을 가면 가끔 들린다는 중앙시장 입구에 있던 그 아지매 노점상에 들러 양말 몇 켤레와 명절에 보태어 쓰시라고 조그마한 성의로 봉투를 하나 전해 드렸더니 양말만 받으시고 돈 봉투는 기어이 사양하시면서 "우리 고분 새 각시 서울 질부가 자주 와서 죽이나 팔아주면 된다."시며 환하게 웃으시더라며 내 아내는 나에게 이런 말을 하였다.

"정말 그 숙모님은 비록 살림은 가난하시지만 심성이 너무 착하시고 생활력이 대단하신 분 같아요. 저런 분들이 복 받고 꼭 잘 살으셔야 할텐데…"

정말이지 그렇게 가난하게 사시면서도 언제나 마음이 부자이셨던 그 송정 아지매가 세상을 떠나신 것도 몰랐던 것은 그 후 우리가 서울로 이사를 왔기 때문이며 늦게서야 집안사람들에게 전해 들었다만 그 아지매의 아들(석일)의 자수성가의 성공에는 아마도 그 어머니의 인자하신 마음덕이 가득 스며있는 듯 싶다.

그는 어린 시절 뼈저린 그 가난에 한이 맺혀 운동선수라도 되려고 태권도 유단자가 되었으나 당시 태권도는 올림픽종목에도 없던 비인기 종목이라 중단하고 어떻게 하든 돈을 벌어야 겠다는 야심과 포부로 남들이 편히 놀거나 잠잘 때 밤을 세워가며 용접기술과 선박부품제작 공부를 열심히 하여 1급 기술자가 되었고 어머니의 성품을 닮았는지 남달리 부지런하게 일하여 큰 성공을 거두었으며 현재 종업원 수 백 명을 거느린 현대중공업 협력업체인 서일瑞一의 사장이 되었다고 한다.

회갑도 못 채운 오십 육세 짧은 일기로 생을 마감하고 가신 어른, 자식들의 성공을 보지 못하고 떠나가신 가난 속의 그 어머니, 그 한 많은 엄마 영혼을 위로해 드리기 위해 해마다 한 번씩 '위령굿'을 바친다는 막내아들 눈가에는 잔잔한 이슬이 맺혔다.

누가 말했던가? "이 세상에서 가장 위대한 사람은 고난을 딛고 우뚝 일어서는 사람이다"라고….

그 송정아지매의 막내아들이 바로 그런 명언의 주인공이 된 것 같다. 왜냐하면 그는 그 혹독한 가난의 고통과 시련을 세차게 딛고 일어선, 아무나 함부로 흉내 내기도 힘든 기술 사업가로 성공을 하였으며 결코 자만하지 않고 끊임없는 공부와 피나는 노력으로 대단한 기술이 필요한 원유시추선 제작 사업에까지 도전을 하여 선진외국 기술진도 입을 다물지 못할 정도라는 게 현대중공업 주변사람들의 평이다.

진정한 성공의 꽃은 고통의 밭에서만 피어난다는 말처럼 무척이도 가난했던 송정아지매, 그 어른의 막내아들, 서석일의 불굴의 의지와 무한 도전정신과 꿈은 당차고도 원대하며 그의 꿈은 반드시 이루어지리라 본다. 그는 항상 겸손하며 자신보다 어려운 사람들에게 많이 베풀고 특히 고향인 사일 동네에 신경을 많이 쓴단다. 보통사람 같으면 다시 돌아보고 싶지 않을 유년기 가난의 슬픈 추억만 가득한 곳이라 진저리가 날만도 하련만 남다른 덕을 베풀며 잘 살아간다고 하니 참으로 대견스럽고 한편으로 생각하니 언제나 부지런하고 어지신 품성의 그 어머니에게서 근면성실의 가르침을 배운 것 같다. 일생을 고생만 하신 그 어른의 한恨이 자식들 대에 가서 다 풀어지는 것 같기도 하고….

그 자제들은 어린 시절 그 배고팠던 '고통의 추억' 을 보은의 착한 마음으로 고향에 보답하려는 듯싶고 또한 그것은 그 뼈저린 가난이 오히려 자신을 그토록 강인하게 성장시켜준 원동력이 되었다는 건전한 생각에서 나온 마음자세가 아닌가 싶다.

부모 잘 만나고 그래서 집안 형편이 좋아 공부 많이 하여 성공을 하는 것은 어쩌면 당연한 일인지도 모른다. 그러나 그런 어려운 가정환경 속에서 자라난 그 아들이 오기에 찬 신념과 포부로 공부하고 노력하여 오늘날 그런 큰 자수성가를 한 장한 청년으로 성장하여 가난한 집 자손도 자기의 노력 여하에 따라 성공을 할 수 있다는 희망의 증거를 보이고 그렇게 훌륭한 사회적인 큰 귀감의 인물이 된 것은 일생을 누구를 욕 한번 하지 않고 천사 같은 마음가짐으로 사셨던 그 아지매 가정에 늦게나마 신神의 축복이 내려졌다고 생각된다.

그래서 나는 이 글을 읽을 전국의 수많은 독자들 중에서도 혹 살다보면 어쩌다 견디기 어려운 고통 속에 처해지는 경우가 생기더라도 결코 절망하거나 나쁜 마음을 갖지 말고 언제나 바른 마음으로 진실하게 살면 반드시 이 글속의 주인공처럼 후대의 자손들이라도 복 받고 잘 살게 된다는 진리를 일깨우며, 생전에 비록 가난했지만 항상 바르게 살다 가신 그 어른께서 저승에서나마 편히 쉬시고 영생복락 하시기를 마음속으로 기원 드린다.

13

'딸들의 피'를 먹고 자란 '한국천주교'에 얽힌 사연

오늘날 한국 천주교는 다른 종교에 비하여 교세가 상당히 확장되고 있으며 전국의 성당마다 유난히 여성신도들이 많이 늘고 있다는 소식을 전해 들은바 있다만 이와 같은 천주교의 대 번창은 강완숙姜完淑님처럼 칼도, 창도, 형틀도 두려워하지 않은 이런 선조들의 거룩한 희생적 신앙의 대가이며 2백 년 역사 속 고귀한 순교의 피를 먹고 대대로 이어진 후예들의 자랑스러운 신앙정신이 아닌가 싶다.

13

후배, 냉담자와 예비교리자들에게 바치는 글

나는 천주교 세례를 받고도 장기간 냉담을 하다가 지금은 용인수지 성당에 나가면서 얼마 전부터 레지오단에 입단, 작은 봉사활동은 하고 있으나 아직은 신앙적으로 상당히 미숙한 신앙인이다.

그러다 「딸」이라는 이 책을 쓰면서 우연히 한국 천주교 200년 역사 속에는 과연 어떤 여성(딸)들의 거룩한 발자취들이 있었는지? 에 대해 글을 한 번 써보고 싶은 충동을 느꼈다. 독실

▲서울 용산 절두산 성당에 모셔져 있는 강완숙님의 영정

한 신앙인인 아내가 함께 성당 가자면 배 아프다고 엄살 부리거나 아니면 바쁜 일 있다고 거짓말하며 피했던 그런 태만과 불성실, 그리고 냉담의 연속이었던 내 신앙생활에 어쩌면 하나의 작은 변화의 파격(?)일까?

하여간 천주교에 대한 별다른 지식도 없는 내가 감히 이런 글을 쓴다는 자체가 부끄럽고 쑥스러운 일이지만 새로 교리 공부하는 마음자세로 그동안 듣고 보고 느낀 감동의 사연을 진솔하게 써내어 나보다 더한 후배 냉담자들이나 예비교리자 형제자매님들께 전하고 싶어 이 글을 쓰게 되었다.

다들 아는 사실이지만 한국천주교처럼 서럽고 고통스런 피눈물의 역사를 지닌 종교는 이 세상에 별로 없으리라 생각한다. 오죽하면 필자가 이 글의 제목을 '딸들의 피를 먹고 자란 한국천주교'라고 이름 지었을까. 그러나 우선 가슴 뿌듯한 느낌을 받았던 감동의 현실 속 이야기 하나부터 먼저 쓰고 싶다.

꽤 오래전에 있었던 기억속의 일이다. 우리 가족이 다니던 서울 강남 대치동 성당(지금은 대치1성당으로 개칭) 미사 때 특별 강론을 하신 강원도 삼척이던가, 그쪽 시골 탄광촌에서 성당건립기금 모금을 위해 오신 어느 신부님의 이야기 하나를 전하려 한다.

옛날에는 그곳 강원도 삼척 태백등지의 탄광촌이란 곳에는 가끔 예상치 못한 대형사고가 발생하여 지하 갱 속에서 미처 빠져나오지 못한 광부들의 집단 희생이 많았고 그러다보니 젊은 나이에 한날 한시에 불행하게도 그만 혼자가 되어버린 부녀자들이 상당히 많은 그래서 이른바 '과부촌'이라는 이름이 부쳐지는 마을이 생길 정도였다는 것이다.

그러다보니 자연 외로운 삶을 누리게 된 여인들끼리 무슨 친목계 같은 것을 만들어 술을 마시고 화투놀음 아니면 카바레 같은 곳에 나가 남자들과 어울려 춤을 추기도 하고 그러다가 그만 불륜의 길로 빠지는 등 아무튼 그런 일들로 하여 그곳 광산촌 한 고을의 풍기가 말할 수 없을 정도로 문란해져서 그곳 유지들과 기관장들이 더 이상 방치해서는 안 되겠다고 결심, 경찰서와 종교지도자들이 회의를 열어 풍속사범 일제 단속을 펴게 되었는데 어느 날 30여 명의 여인들이 여관이나 무허가 춤 교습소 등에서 탈선행위를 하다가 적발이 되었다는 것이다.

그래서 그 신부님은 당시 지도위원의 한 분으로 혹시나 저 여인들 중에 성당 다니는 천주교신자(자매님들)가 섞여 있다면 세상이 우리 천주교를 어떻게 볼 것인가 싶어 속으로 매우 불안하고 초조했었는데 경찰 조사 결과 그 탈선 여인들 중 천주교인은 다행히 단 한 명도 없었다고, 그래서 그 경찰서 서장도 놀라더라는 사실을 전하신 그 신부님의 그날 그 강론이 지금까지 좀처럼 잊혀지지 않은채 내 가슴에 작은 감동으로 남아 있다.

왜 그럴까? 거짓말 같은 이야기지만 아직 우리는 성당의 신부님이 거짓말했다는 이야기를 들어본 적이 없기에 믿을 수밖에 없고 또한 그건 사실이었고 진실이었다. 성직자이신 신부님이 무엇이 두렵고 무엇이 아쉬워 거짓 강론을 하시겠는가?

우리 천주교 역사의 면면에 보면 특히 많은 여성 신도들이

동정과 순결을 생명처럼 여기며 하느님을 신봉하고 경배한 흔적이 수없이 발견된다. 봉사와 수도 생활로 삶을 영위하시는 수녀님들은 말할 것도 없고 일반교우들도 그런 훌륭한 선조들 영혼의 신앙심을 이어받은 덕분일까?

몸부림친 그 지방도시의 현란한 밤, 한 번쯤 외로움을 달래보기 위해 술도 마시고 춤도 추고 자포자기 심정으로 이판사판으로 놀아날 법도 했으련만….

수 십 명의 그 탈선 주부 대열 속에 단 한 명의 천주교 신자도 없었다는 그 신부님의 강론이 끝나자 대치동 성당 많은 교우들은 우레와 같은 박수를 보냈고 그곳 성당건립기금 모금함은 삽시간에 시퍼런 지폐로 가득했다. 솔직히 나도 그날 처음 천주교 여성신자들의 의지의 순결정신을 신부님을 통해 듣게 되었으며 크게 감동을 하였다.

천주교인의 신념과 고결함이 어디 그뿐이겠는가마는 정말 흐뭇했던 추억이다. 그리고는 얼마 후에 내가 접한 을지乙支출판공사가 발행한 '103위 성인전' 서적을 통해 놀랍고 충격적인 선조들의 고난과 박해를 감지했고 특히 103인 성인 명단 속에는 마흔일곱 분 성녀聖女들의 꺼지지 않는 불멸의 촛불 같은 신앙심이 선연하게 불타고 있었다.

천주교 신자라면 마치 민족의 반역자이며 미치광이처럼 생각하던 시절, 조정의 말할 수 없는 탄압과 박해 속에서 때론 양팔다리가 찢겨지는 혹독한 고문과 함께 천주교만 버리면 평생토록 행복하게 살게 해주겠다고 회유하던 관리들의 꿀 같은 달

램에도 나는 오로지 천주를 따를 것이니 차라리 빨리 죽여 달라며 소리친 그분들의 불굴의 의지!

배교背教를 과감히 거부했던 님들은 꽃다운 청춘나이도 아깝지 않은 듯 칼 맞은 목에서 흑장미보다 더 검붉은 피를 뚝뚝 흘리며 "오, 주여! 당신의 뜻대로 하소서..." 그 한 마디를 유언으로 남기시며 하늘을 향해 묵묵히 걸어가셨다는 역사 기록들을 읽을 땐 차라리 눈을 감아야만 했다.

물론 다른 남성 성인들의 거룩하신 발자취도 수없이 많지만 이 글은 「딸」이라는 책명의 격에 맞게 여성 신자분(자매님)들께 초점을 맞추었다. 지난해 12월, 평화방송에서 다룬 특집 「강완숙님」드라마를 보신 분도 많겠지만 직장근무나 또는 공부 때문에 그런 위대한 선조들의 거룩한 발자취를 혹 못 봤을 신자들에게 다소나마 마음의 양식이 되라고 103인 성인전에 실리지 않은 강완숙님(조선초대 천주교 여성신도 회장 : 영정 사진 참조)의 면모를 잠깐 간추려서 전하고자 한다.

지금부터 약 200년 전의 일이다. 천주교 신자라면 3족을 멸하고 심지어 '오가작통법' (오가작통법 = 한 집이라도 천주교인이 발각되면 그 이웃집의 4가구까지 모조리 처단하는 법)까지 만들어 잔혹스런 '인간사냥' 을 했던 그 무시무시했던 시절, 강완숙님은 결혼한 지 얼마 안 된 새색시였다.

어느 날 시댁 어른「바오로」라는 분에게 천주교 이야기를 듣게 된다. '바오로'라는 그 친척분의 이야기 속에서 야릇하고 신성한 충격을 느꼈고 천주교 교리책을 받아 읽으면서 그의 마음은 복음의 위대함과 신앙의 신비스러움 그 진리를 깨닫게 된다. 그러던 님의 신앙적 첫 시련은 정조대왕 15년, 전라도 진산 고을의 진사어른 윤지충尹志忠이가 부모의 신주를 미신타파의 일환으로 불태워버린 사건으로 이른바 신해교난辛亥敎難이 발생했을 때였다. 이 때 여러 명의 천주 교우들이 감옥에 끌려들어 가게 되었는데, 강완숙님은 이때도 두려움도 겁도 없이 옥에 갇힌 교우들에게 음식을 날라다 주는 일을 도맡아 했으며 그런 일들로 상당한 고초를 겪기도 했으나 그 분의 신앙심은 조금도 흔들리지 않았다.

이 무렵 정조대왕이 세상을 떠나고 열 한 살짜리 어린 임금 순조가 즉위하자 정조대왕과의 정적이었던 정순왕후 김 씨가 재빠르게 수렴청정을 하게 되면서 당시 조선의 천주교는 말로써 형언하기 어려운 박해를 당한다. 사람목숨을 수도 없이 앗아간 악독한 왕후로 알려진 정순왕후는 어린 사도세자를 죽음으로 몰고 간 전력을 지닌 여인이었다.

정순왕후에 대해 「여인열전」이란 책을 펴낸 역사학자며 작가인 이덕일 선생은 「땅에 묻힌 정조대왕의 시신이 채 식기도 전인 순조 재위 1년 정월10일, 천주교를 반역죄로 다스리라는 교서를 내려 세계 천주교 사상 유례를 찾기 어려운 신유辛酉 대박해의 문을 열었다」라고 기록하고 있다.

한마디로 정순왕후는 '천주교를 믿는 자는 모조리 다 잡아 죽이고 그 이웃의 인간들도 처단하라!' 는 엄명을 내렸으며 천주교는 사학邪學이므로 뿌리 채 뽑아버려 남은 씨가 하나도 없도록 하라는 철저함까지 보였다. 그렇게 하여 조국의 산하가 피로 물든 암흑의 시대를 만들었다.

피 비린내 진동하던 천주교 박해시절, 강완숙님은 멀리 피신도하지 않고 용감하게 체포가 되었으니 그 고통이 오죽했을까? 님의 죄명은 요즘으로 보면 범인 은닉죄다. 중국에서 건너온, 주문모周文謨 신부를 은닉, 피신시킨 죄였다.

물론 시어머님의 힘을 빌리긴 했으나 30대 후반 젊은 아녀자가 그것도 외국신부를 집안에까지 모셔다가 광속에 피신케 하였고 밤에 숨어 다니며 선교활동을 하도록 도왔으니 속된 말로 간이 배 밖에 나온 여인이었으며 강완숙님은 인간의 딸이 아니라 진정 '하느님의 딸' 이었다고 역사의 기록은 전하고 있다.

마흔 한 살, 너무도 짧은 생애, 아까운 그 나이에 형장의 이슬로 사라진 강완숙님의 묵주를 들고 있는 초상화는 지금도 용산 절두산 성당 순교박물관에 살아있는 생명체처럼 우뚝 서 있다. 그런데 참으로 신기한 것은 그 소름끼치는 살상의 탄압 속에서도 해마다 신자들이 늘어났다는 사실이다.

오늘날에도 한국 천주교는 다른 종교에 비하여 교세가 상당히 확장되고 있으며 전국의 성당마다 유난히 여성신도들이 많이 늘고 있다는 소식을 전해 들은바 있다만 이와 같은 천주교의 대 번창은 강완숙姜完淑님처럼 칼도, 창도, 형틀도 두려워하지 않은 이런 선조들의 거룩한 희생적 신앙의 대가이며 2백년 역사 속 고귀한 순교의 피를 먹고 대대로 이어진 후예들의 자랑스런 신앙정신이 아닌가 싶다.

잔인스런 사형장의 망나니 형리刑吏들이 님에게 무자비한 고문으로 주리를 틀고 천주를 부르지 못하게 입을 찢어 버리겠다고 때리고 협박했으나 구차스런 반항이나 욕설 한마디 하지 않고 오히려 잔잔한 미소만 내품었다는 기록 속에는 "저 여인은 인간이 아니라 신이다"라고 놀랐다는 글귀가 선명하게 담겨 있다.

이렇듯 딸들의 피를 먹고 자란 한국천주교는 얼어붙은 눈보라를 뚫고 고고하게 피어난 매화꽃 봉오리들과도 같은 그런 수많은 여성들이 신앙의 순결성을 위해 고귀한 목숨을 바치며 순교를 거부하지 않았다는 점에서 다른 종교와는 상당한 비교가 되고 있다. 자신이 신봉하는 종교에 대한 믿음이 얼마나 강했으면 목숨을 바치면서도 그렇게 당당했을까.

어쨌든 '신神의 딸'과도 같은 그런 선조님들을 둔 한국의 천주교 신자(특히 자매님들)께서는 모두 태산 같은 긍지와 자부심을 지니고 선조들이 피바람 속에 피워 올린 신앙의 향기를 듬뿍 마시며 열심히 신앙생활을 하시길 바란다.

그리하면 먼저 가신님들이 피 흘려 쌓아올린 성덕聖德이 아름다운 꽃이 되리라.

14

'불행한 딸' 「신정아 사건」을 보면서 그녀에게 보낸 편지

작가의 카메라 앞에서 스스로 옷을 벗고 피사체(누드모델)가 되었다면, 솔직하게 찍은 것은 사실이지만 왜 남의 알몸사진을 신문에 실어 세상에 공개하여 프라이버시 침해를 했느냐고 항변을 하고 상응한 대응을 했어야 하는데 그 장본인은 "나는 누드를 찍은 사실도 없고 내가 이런 신세가 되어있다고 함부로 컴퓨터로 합성을 시켜 보도했다"고 기자들에게 밝혔으며 당차게도 거대 언론사를 상대로 소송을 제기하였다.

14

그녀는 왜 작가 앞에서 옷을 벗었는가?

몸매 자랑? 아니면 돈? 그리고 문화일보는 왜 그녀의 누드사진을 함부로 신문에 실어 만천하에 공개를 해서 아직 결혼도 하지 못한 미혼녀에게 그런 충격과 경악을 던져주고 10억 손해배상 소송에까지 휘말리게 되었는가? 그 누드사진 공개사건은 그 후 법정으로 넘어간 상태이나 아무튼 세인들의 상당한 관심거리가 되어 있다. 작가의 카메라 앞에서 스스로 옷을 벗고 피사체(누드모델)가 되었다면, 솔직하게 사진 찍은 것은 사실이지만 왜 남의 알몸사진을 세상에 공개를 하여 프라이버시 침해를 했느냐고 항변을 하고 상응한 대응을 했어야 하는데 그 장본인은 "나는 누드를 찍은 사실도 없고 내가 이런 신세가 되어있다고 함부로 컴퓨터로 합성을 시켜 보도했다"고 기자들에게 밝혔으며 당차게도 거대 언론사를 상대로 소송을 제기하였다. 그런데 문제는 그로부터 약 3개월 후 News week한국판에서는 사진작가 황규태 씨가 5년 전, 그 사진을 자신의 성북동 작업실에서 본인의 동의하에 찍은 것이라는 증언의 인터뷰기사가 실려 나왔다.

그렇다면 신정아는 또 한 번 세상을 우롱한 거짓말을 한 것이고 만일에 황 작가가 거짓말을 했다면 그는 피고측과 공모했다는 오해를 받을 수도 있다. 법정의 우물 속에서 진실게임이 전개되고 있는 이 사건을 보면서 나는 이런 생각을 하였다.

아무리 세상이 급변하여도 여자가 함부로 옷을 벗는 행동을 하면 자칫 엄청난 곤욕을 치를 수 있으므로 언제나 조신操身한 행동을 해야 함은 여성들의 기본상식이요, 윤리가 아닐까 싶은 것은 이 시대의 딸들이 가슴 속에 깊이 새겨둘 일이다. 어쨌거나 원래 예쁜 꽃엔 벌과 나비가 많이 덤비는 법, 그래서 그런가? 그녀에게는 여러 남자가 군침을 삼켰다. 예쁘고 고상해서, 그런데 그녀는 진실하지 못했고 돈을 너무 밝혔다. 그래서 그녀는 비운을 자초했다.

'넘치는 것은 부족함만 못하다'는 평범한 진리대로 분수를 지킨 '보통녀'였다면 그런 시련도 없이 단란한 가정 이루고 지금쯤 초등학교 다닐 아들 딸 낳고 잘 살아가련만... 그런데 그녀는 튀었다. 튀는 것으로 부족해 날았다. 저 높은 청와대 뜰안까지... 그래서 추락했고 날개가 부러졌다. 아무튼 2007년을 뒤흔든 사건중 하나는 이른바 '신정아 사건'이라 볼 수 있다.

다 아는 사실이지만 이 사건은 단순한 어떤 치정사건 같은 그런 사회적 물의를 일으킨 사건과는 차원이 다르고 노무현 정권 말기 나라의 최고 권력층 인사가 개입된 보기 드문 권력형 스캔들, 현대판 '코르티잔 사건'으로 비화되었기 때문에 국민들의 마음에 더 강하게 각인된 것이다.

하지만 죄는 미워도 인간을 미워하진 말자! 몇 번이나 만나지 말자고 피했으나 고가의 보석 들고 집 앞에 와서 몇 시간씩이나 기다렸다는 권력가에게 어쩔 수 없이 끌려 다녔을 수도 있는 이용당한 여인이라는 소문도 파다하다.

그래서 필자는 그 주인공의 나이와 동갑내기인 딸을 둔 한 아버지로서 그 사건에 대해 인간적으로 느낀 바 그대로를 쓰는 것이다. 당시 각 언론사들은 경쟁적으로 이 사건에 대해 '申데렐라 드라마' 운운하며 소설처럼 쓰기도 하고 미모의 30대 큐레이터와 50대 정권 실세의 빗나간 사랑과 돈과 권력이 뒤엉킨 매우 부적절한 관계라고 평을 하였다.

그런데 문제는 우리 모두가 그들을 향해 무차별 비난하고 증오의 돌팔매만을 던질 것이 아니라, 한번쯤 그 사건을 우리 스스로에게 비추어보는 거울을 삼자는 것이다. 그렇다고 그들의 잘못이나 불법을 미화하거나 찬양하자는 것은 결코 아니다.

성경말씀에서도 우리에게 이런 가르침을 주고 있다. "여기 아무 죄도 짓지 않은 자는 간음한 저 여인을 돌로 마구 쳐라"고 예수께서 말씀하시자 그를 때리던 사람들이 모두 슬금슬금 도망을 갔다는 이야기는 오늘을 살아가는 우리에게 많은 것을 시사하는 대목이다. 그리고 우리의 옛 속담에도 이런 말이 있다. "딸 키우는 사람은 남의 딸 화냥질 흉보지 말고 아들 키우는 사람은 남의 아들 도둑질 흉보지 마라"

이 역시 위의 성경구절과 비슷한 맥락의 뜻이며 한마디로 이 세상에 죄짓지 않고, 털어서 먼지 안 나는 사람 어디 있겠느냐는 그런 교훈이 아닐까 싶다. 그럼에도 사람들은 이상하게도 남의 불행 앞에서 사뭇 흥미진진한 재미의 '관음증'을 즐기고 자신은 마치 하늘 우러러 한 점 부끄럼 없는 천사 같은 가면을 쓰고 위장을 하고 있는 게 현실사회다. 그래서 내가 하면 '로맨스'이고 남이 하면 '스캔들'이라 했던가?

나는 이 한편의 글을 쓰기위해 그녀의 재판정까지 가서 현장 스케치를 하였고 그 주인공(신정아)에게 책과 편지를 보내주기도 했다.(2007. 12. 5. 서울 안국우체국 등기우편 1104405263275호) 그 때 내가 보낸 장문의 편지 속에는 대충 이런 내용이 담겨 있었다.

장래가 구만리 같은 여인 신정아씨! 무수한 여론의 돌팔매를 맞은 그대는 지금 하루가 천년 같은 절망의 나락에서 엄청난 고뇌의 시간을 보내고 있겠지요?

끝없는 욕망의 날갯짓을 하며 태양에까지 접근하려다 녹아떨어진 희랍신화 속 "이쿠르스"처럼…, 난 결코 그대에게 아픈 상처를 건드리고 어떤 조소의 돌팔매를 던져 괴롭히기 위해 이 글을 쓰는 게 아닙니다. 그럴 이유도 없고... 다만 요즘 세태가 그대처럼 오로지 돈과 권력, 그리고 명예를 그것도 비정상의 수단으로 한꺼번에 다 가지려고 물불을 가리지 않는 무서운 신세대 딸들이 너무 많아 삶의 경륜을 지닌 한 인생의 선배로서 그리고 그대와 같은 나이를 먹은 딸을 둔 한 아버지로서 이 글을 보내므로 조금도 다른 오해가 없기를 바랍니다. 아울러 지금껏 살아온 세월보다는 살아갈 날이 더 많은 한 사람의 젊은이로서 나의 이 편지를 케케묵은 구시대적 발상의 글이라고 찢어버리지 말고 읽고 또 읽으며 잘 음미하세요. 그러면 거센 지진이 지나간 절망의 계곡에 쓰러져있는 그대 가슴속에서 뭔가 한 줄기 희망의 새싹이 돋고 맑은 영혼의 샘물이 솟구칠런지도 모릅니다.

첫 공판 때, 작가의 신분인 나는 이 글을 쓰기 위해 일부러 그 법정 현장에 갔었지요. 서울지법 406호, 그곳엔 미모의 동국대교수도 없었고 화려한 광주비엔날레 예술 감독도 없었고 거기엔 청와대의 권력가도 없었으며 오로지 푸른색(리걸마인드) 옷을 입은 30대의 한 여인과 50대의 한 남자가 법정의 준엄함에 소금물에 절인 배추단처럼 풀죽어 앉아있었고 비수처럼 날아오는 검찰의 기소요지 낭독에 신음처럼 터져 나오는 한숨 소리만 들려왔으며 특종을 바라는 기자들의 반짝이는 눈동자만 보였습니다. 그리고 재판장으로부터 '피고인은 할 말이 있느냐?'는 질문에 "지난 몇 달간 저로 인해 사회적으로 많은 심려를 끼쳐 죄송합니다. 앞으로 제 잘못에 대해 깊이 반성하고 참회하면서 살겠습니다." 라는 한 여인의 눈물 젖은 목소리만 들렸을 뿐입니다.

나도 딸을 가진 한 아버지로서 가슴이 찡해오는 인간적 연민을 느끼면서 문득 돈과 권력과 명예욕 속에는 저토록 인간을 크게 파멸시키는 독소가 들어 있음을 한 번 더 생각하게 하더군요. 그러면서 당시 어느 금융전략가가 쓴 '돈은 아름다운 꽃이다'라는 이름의 책으로 돈의 마력과 황금만능을 부추긴 듯한 그 책명에 대한 약간의 사회적 책임에 대해서도 생각을 했습니다. 돈, 돈 하다보면 세상이 돌아버리는데 싶어서...

아무튼 그 날 재판이 끝난 후 기자들 앞에선 그대 담당 변호인 박종록 변호사였던가요? 짤막했지만 절제 있고 의미심장한 말, 기자들을 향해 던진 그 코멘트 한마디가 나의 귓전을 파고들어 왔습니다.

"모든 것 다 잃어버리고 절망에 빠진 불쌍한 여인에게 돌을 던지는 대신, 삐뚤어진 교육열과 학벌지상주의와 출세욕 등 우리사회 부조리에 대한 개혁의 계기로 삼아야 할 것입니다."

매우 옳은 지적이었고 잘못되어가는 우리 사회를 향해 던진 그 말 한 마디, 정말 괜찮은 변호사를 선임했구나 싶었지만 돌아오는 차 속에서 나는 또 엉뚱하게도 이런 것을 생각했습니다.

그대가 처한 지금의 상황은 마치 프랑스 박물관에 소장되어 있는 '올랭피아'가 그린 유명한 그림 "코르티잔"을 닮은 건 아닐까? 하는 그런 생각을 하게 되었습니다. 그댄 큐레이터 출신 미술 전문가니까 "코르티잔"에 대해 너무도 잘 알고 있겠기에 설명은 생략하겠으나 그래도 잠깐 짚고 넘어갑시다. 필자가 아는 그림 상식으로는 그 그림 속 누드상의 주인공, "코르티잔"은 뛰어난 미모와 영민함을 무기로 부유한 남성이나 권력을 지닌 고관대작들 눈에 띄어 온갖 혜택을 누리며 육정과 연정을 나누는 정부情婦라고 알고 있는데 틀리는가요? 실례지만 그대와 좀 닮은 모습은 아닐까? 싶은... 상황과 시대의 차이일 뿐, 돈과 명예와 권력을 지닌 그 사람과의 '연인'임을 인정하였으니...어쨌든 문득 그런 생각이 떠올랐습니다. 프라이버시, 개인적 사생활에 더 접근하지 않기 위해 두 사람의 관계는 이만 쓰겠습니다.(중략)

반면에 그대보다 몇 십 배 엄청난 자괴감으로 상처받은 100년 역사와 전통을 지닌 이 나라 호국불교의 산실로 성장해온 수많은 동국대東國大 재학생들과 그 가족들 그리고 동문들과 1천만 불교신자 등 모든 관계자들께 매일매일 마음의 백팔배로 속죄를 하세요. 그리고 그대가 4년간 '오빠'로 불렀다는 그 양반 부인께 사죄의 편지를 쓰세요. 남자는 명예를 먹고 살지만 여자는 남자의 사랑을 먹고 산다고 했지 않습니까?

그대들이 돈과 권력과 명예의 꽃밭에서 달콤하고 황홀한 카타르시스, 그 찐한 사랑의 술잔에 취해있을 때 그 부인은 아무에게도 말 못할 외로움의 번민 속에서 쓰디쓴 눈물 잔을 삼켰을지도 모르니까요.그러나 그 부인은 '조강지처'의 미덕을 지닌 '한국의 딸' 답게 대통령 부인에게 위로의 초대를 받아가서는 '저는 제 남편을 믿습니다.'라고 속으로는 칼로 심장을 찢기는 아픔 속에서도 사랑하는 남편을 끝까지 지키려고 부덕婦德의 소임을 다했습니다.

눈물을 감추고…알고 있나요? 신정아씨!

대선, 총선 등 정치의 소용돌이 속에 그대들의 이야기는 다소 잠잠해졌고 이제는 제발 피나는 그 상처에 소금을 더 뿌리지 않기를 바라고 있겠지요?

그러나 필자는 그대 피 흐르는 그 영혼 상처에 죽염가루를 조금만 뿌리겠습니다.

죽염은 따가운 아픔도 주지만 그보다는 치료와 방부의 효과가 더 크기 때문입니다. 지금 그대 머릿속엔 성경도 불경도 들어오지 않을 겁니다. 오로지 하루속히 자유의 문만 열리기만을 기도하고 있으리라 봅니다. 물론 그렇게 되면 좋겠지만 아직은 쉽지 않을 것 같으니 우선 마음을 차분히 가라앉히고 글을 쓰세요.

진정 가슴에서 우러나오는 글! 어리석고 부질없는 욕심에서 빚어진 과오에 대한 참회와 반성의 글을….

그 속에는 특히 대학생들의 입에서 입으로 번지고 있는 張아무개 스님! 막내여동생 같은 여인을 천 길 낭떠러지 밑으로 사정없이 밀어버린 그 스님과의 사이가 '삼각관계'이니 뭐니 하는 고약한 루머가 퍼지고 있으므로 그런 문제를 소상하게 밝혀서 더 이상의 오해와 유언비어가 없도록 양심선언적 진실의 글을 써서 훗날 자유의 몸이 되거든 그때 그 원고를 정리해서 책을 펴내세요. 그 책명을 '한국판 신데렐라 정아가 쓴 옥중일기'라고 적어 출판을 하게 되면 아마도 베스트셀러가 되지 않을까 봅니다. 그 저서 판매에서 따라오는 수익도 적지 않겠지만 그 돈은 한 푼도 쓰지 말고 부모 없는 불쌍한 소녀가장들 생활비로 보태주고, 그보다는 그 참회록은 어쩌면 빗나간 사랑의 불장난을 하고 있을 이 땅의 '간 큰 딸'들에게는 '제2의 신정아'가 되지 않기를 기원하는 따끔한 메시지가 될 것이며 끝없는 욕망의 날개를 펼치다가 사정없이 추락하는 "이쿠르스"같은 생각을 하는 철부지 아가씨들에게는 좋은 경고의 자명고가 되리라 싶어서 입니다. 뿐만 아니라 그런 글을 쓰다보면 지루하고 답답한 시간도 잘 지나갈 것이며 창작의 보람과 함께 '날개가 상한 새도 다시 날 수 있다.'라는 새로운 삶의 밑그림도 그려질 것입니다.

황량한 겨울들판의 나목을 바라보면서 이듬해 봄이 오면 이 나뭇가지에 파란 새싹이 돋아나고 꽃이 피고 열매가 열릴 거라고 미리 생각하는 사람은 그리 많지 않지만 그러나 그것은 하루 이틀 시간이 지나고 나면 반드시 오고 마는 자연의 순리입니다. 진정한 글을 쓰고 좋은 책을 많이 읽다 보면 지금껏 번거로운 세속에서는 미처 발견치 못하고 체험하지 못한 새로운 어떤 힘이 솟구칠 겁니다.

옛날 감옥 속의 두 재소자가 같은 창밖을 보면서 한 사람은 언제나 창공의 빛나는 별을 보았고 한 사람은 하수구를 들락거리는 쥐떼만 바라보았답니다. 그런데 창공의 별을 바라본 그 사람은 훗날 큰 성공을 거두었고 하수구만 바라본 그 사람은 영영 인생의 뒤안길을 허덕였다는 설화가 있지요? 잘 새겨두세요.

또한 지금까지 보호막이 되어주었던 그 사람도 이젠 힘을 다 잃어버린 사람이 되었으므로 그대는 스스로의 마음을 굳게 붙잡고 "시간은 모든 슬픔을 치유 한다."라고 설파한 로마의 철학자요, 조국의 아버지라는 칭호를 받았던 "키케로"의 명언을 외우고 또 외우도록 하세요.

그러면서 그대보다 더 참담한 운명에 처해진 장기수들을 보면서 위로를 삼으시고 남은 비자금 있으면 그런 장기수들에게 좋은 책도 좀 사주고 영치금도 좀 넣어주세요. 그래도 못 견디게 괴로운 고통이 따를 땐 차라리 그 힘든 인내에다 몸을 맡겨버리세요. 사랑하는 사람에게 옷고름을 풀어 던지고 몸과 영혼을 맡겨버리 듯…

하느님은 결코 인간에게 참을 수 없는 고통을 주시진 않습니다.

인생은 누구나 살다보면 건너기 힘든 절망의 강을 만나게 되는 경우가 있습니다. 그런데 어떤 사람은 건너볼 생각도 하지 않고 스스로 그 강물에 빠져 죽어버리는 사람도 있고 또 어떤 사람은 그 강물이 줄어들 때까지 막연히 기다리다가 굶어죽는 사람도 있지만 어떤 사람은 밧줄을 구해 와서 나무에

묶고 자신의 허리를 밧줄에 걸고 헤엄을 쳐서 강을 건너는 사람도 있습니다. 상실의 계절, 비바람 치는 그 절망의 강가에 서 있는 신정아씨에게 내가 글을 쓰라는 이유는 바로 세 번째 사람이 되라는 겁니다.

죄는 미워하더라도 인간은 미워하지는 말아야 한다기에 부질없는 넋두리 같지만 몇 마디 쓴 소리를 했네요. 딸을 사랑하는 아버지의 마음으로….

그리고 최근 출판되어 나온 책 「집으로 가는 길」 혹 보셨나요? 그 책 속에 이런 글이 실려 있을 겁니다. 살아 있는 한 더 나은 날이 오고 더 좋은 일이 생길 거라는 희망이 있단다.

더 좋은 일이 생길 거라는 희망을 잃게 되면 그때는 죽는 거야!

이 말은 소년병으로 차출되어 죽음의 전선으로 나가는 어린 아들 '이스마엘'에게 들려준 평범하지만 준엄한 50대 흑인아버지의 눈물어린 목소리였지요? 얼마나 깊은 뜻이 담겼습니까. 부디 희망의 끈을 놓지 말라는 그 아버지의 말 한 마디에 그 어린 아들은 죽음의 공포에서 벗어났고 열심히 싸웠으며 훗날 유엔 회의석상에 나가 전쟁과 평화에 따른 소년병 대표 연설까지 했고 책을 내어 세상을 놀라게 했다고 하네요.

신정아씨!

지금 내가 쓰고 있는 이 글이 바로 그런 뉘앙스가 담겼다는 생각을 하세요. 그대는 지금 외로운 영어의 생활 속에 있으나 앞날이 구만리 같은 젊음이라는 무기가 있습니다. 희망이라는 끈을 놓지 말고 많이 뉘우치면서 법의 심판을 받은 후 새로운 삶의 길을 개척하세요. 뉘우침은 아름답게 피어나는 마음의 꽃이며 그대의 영민함과 그 정도의 단아한 미모면 굳이 흔해빠진 그런 박사학위 같은 것 아니라도 건전한 삶의 무대 위에 반드시 다시 설 수 있으리라 믿습니다.

상처 입은 조개가 진주를 만들어 내거든요. 다만 불굴의 의지! 나는 결코 쓰러지지 않는다는 굳센 의지가 필요하겠지요. "힘은 뼈와 근육에서 나오는 게 아니라 불굴의 의지에서 나온다."는 마하트마 간디의 명언을 선물합니다. 그리고 땅의 밑바닥을 기어 다니던 애벌레가 어느 날 고운 날개를 달고 창공을 훨훨 나는 한 마리의 고운 색상의 나비처럼 그런 변신의 꿈을 갖고 각성하며 고난을 잘 참아내길 바라면서 지난 날 내가 쓴 책 한 권 보냅니다.

(후략)

이 글을 읽는 독자들 중에서는 죄 지은 여인에게 너무 우호적인 글을 썼다고 비평을 하는 사람이 있을지 모르겠다만 나는 이 글을 쓰기 위해 그녀에게 수강한 동국대 재학생들 입에서 나온 말을 듣기도 했다.

"신 교수는 예의가 바르고 강의도 잘했으며 저희 학생들에게 인기가 참 좋았던 분"이라는 말….

어쨌든 그녀의 단점보다는 장점에도 좀 관심을 주고자 하는 뜻에서... 그리고 우리 사회가 실력과 능력보다는 학벌을 더 중시하려는 매우 잘못된 풍조가 결국 이런 '가짜 박사 학위'를 양산하고 불행스런 일들이 자꾸만 발생하고 있다는 지적을 하고 싶다. 한편 그녀의 약점을 세상에 고발하여 절망의 강으로 밀어버린 그 스님의 행위에 당사자들은 원한이 사무칠 것이다. 조용히 물러나게 할 방법은 없었을까? 고발에 앞선 부처님의 용서와 자비가 아쉬운 때다.

따라서 딸 가진 이 세상 모든 부모들은 어쩌다 불행의 늪 속에 빠져 오돌오돌 떨고 있는 날개 부러진 한 마리 새의 신세가 된 그녀가 뉘우친 후 재기할 수 있도록 따뜻한 마음의 위로라도 보내주면 어떨까 싶다.

15

딸, 아들 구별이 없어지고 있는 세상

분명한 것은 가족 관계 변화의 서곡이 울려 퍼지고 있다는 점이다. 가족은 어렵고 힘없는 구성원을 보살펴주는 돌봄의 공동체다. 딸 · 아들 구별의 의미를 상실했듯이 시부모 · 친정부모, 친가 · 처가를 나누는 것 또한 어리석은 일이다. 부계 · 모계를 아우르는 양계적兩系的 가족, 부모 자식이 서로 사랑하고 돌보는 세대, 통합적 가족은 21세기를 사는 우리가 만들어 내야하는 새로운 가족 모델이다. 타인에 대한 배려 등이 적절히 어우러지면 자연스레 아름다운 가족의 모습으로 나타날 것이다.

15

핵가족 시대의 위기

40~50년 전만 해도 아들을 줄줄이 낳는 엄마들 보고 저 애기엄만 밥 안 먹어도 배부르겠다고 했었다. 그런데 세상은 급속도로 변하여 아들만 낳는 요새 엄마를 보고는 아이구 늘그막에 외로워서 어쩌노…라고들 한단다.

얼마 전 한 여론조사기관이 산모들에게 질문지를 보내 아들 딸 선호도 조사를 했더니 놀랍게도 열 명중 한 명만 아들을 원하고 있다는 보도가 있었다.

정말 그럴까? 다소의 의문이 따르긴 하지만 아무튼 탤런트 이순재 씨가 유행시킨 '못난 놈'이란 비속어가 일찌감치 이런 현상을 빗대어서 창출된 말일지도 모른다.

'못난 놈…'

돈 잘 버는 아들은 며느리 친정집인 사돈집 아들이 되어가고 아들을 낳을 당시에는 부모와 자식이라 1촌이지만 그 아이가 대학생이 되고 애인이 생기면 그땐 8촌이 되고 장가들면 그때부터 사돈의 8촌이 되어버린다는 세태다.

요즘 중년엄마들 사이에는 이런 말도 유행하고 있단다. '댁은 며느리의 신랑을 아직도 댁의 아들로 생각하나요? 그런 생각을 하면 미친년 소릴 듣는대요.'

누가 만든 말인지 몰라도 기가 막히고 정말 뼈가 들어있는 언중유골인 듯싶다. 아마도 독한 며느리에게 배신감을 단단히 느낀 어느 엄마가 지어낸 말이겠지만 정말 예사로운 말이 아니고 이는 필경 우리네 전통적 가족제도의 뿌리가 흔들리고 있는 듯싶어 참으로 안타깝고 서글픈 심정을 가눌 길이 없다.

그런데 아들이 없으면 제사상은 누가 차려주나? 하며 걱정하는 노인들이 상당수 있으리라 보는데 이런 것도 이제는 매우 어리석은 생각이라 본다.

제사상 차리기가 귀찮아 제사상 차려주는 전문 업소에 맡겨 주문을 하는 가정이 늘어가는 판국에 그런 지극히 형식적이고 무성의한 제사상 받아서 무엇하자는 건가?

제사의 기본정신이 무엇인가?

이 시대 딸과 며느리들이여! 시부모, 시조부모님 제사상을 차릴려면 적어도 필자가 쓰는 다음의 3가지의 상식만이라도 알아 두었다가 그대들 자손들에게 제사상 위에 오르는 3가지 주요 과일은 왜 반드시 제상위에 올리는지를 가르치시라.

첫째, 어느 집 제사상이던 밤과 대추, 그리고 감(곶감)은 반드시 올린다. 그 이유는 바로 이것이다. 한 알의 밤은 첫 씨앗이 싹을 내어 몇 년간 자라나 밤나무가 되어 그 나무에서 다시 밤이 열려 손자밤이 되는 알밤이 될 때까지 절대로 썩지 않고 그 밤나무뿌리에 매달려 있다. 믿어지지 않으면 밤나무 밑을 파보면 알 수가 있다. 그래서 밤처럼, 우리 가문도 대가 끊어지지 않고 할아버지가 손자를 보고 난 후 죽기를 즉, 대를 잘 이어가도록 해주십사 하는 염원이 담겨있어 밤을 제사상에 올리는 것이며, 감은 요즘 개량종은 잘 모르겠으나 원래 재래종 감은 어느 정도 자라면 반드시 가지의 접(짝짓기)을 잘 부쳐야 굵은 감이 열리게 되고 그냥 두면 아주 볼품없는 쫑감만 열린다.

그래서 제사상에 감이나 곶감을 올리는 이유는 우리 가문의 자손들도 감처럼 짝(결혼상대)을 잘 만나게 해 달라는 뜻에서 감을 빼지 않는 것이다.

또 대추는 다른 과일과는 달리 바람을 많이 타는 곳일수록 열매가 주렁주렁 열리는 특성을 갖고 있다.

그래서 우리 가문에 어떤 풍파가 몰아쳐도 자손들이 대추열매처럼 번창토록 해달라고 조상님들께 기원을 하는 것임을 모르는 사람이 많다.

그러므로 자식들에게 무조건 제사상 차릴 때 '홍동백서紅東白西'만 강조하지 말고 오묘한 철학이 스며있는 제사상 차리는 근본 뜻을 가르쳐 주는 것이 진정한 제사모시는 정신이라 상당한 교육적 가치가 있어서 쓴 글이다.

다시 아들딸 구별에 따른 이야기의 본론으로 가자. 요즘 서울의 한 아파트촌에는 속칭 '시부모호텔'이라는 호텔이 생겼단다. 무슨 말인가 했더니 일 년에 한두 번 고향에서 시부모님이 상경하면 손자들 공부방해가 되고 잔소리하면 성가시다고 아예 이 호텔로 곧장 모신단다.

언제부터 이런 기막힌 생활의 신풍속도가 생겼는지? 참으로 놀라운 일이 아닐 수 없다. 이 뿐만 아니다. 핵가족 시대에 피할 수 없는 가족관계인지 모르겠다만 요즘 갑자기 아파트 이름이 젊은 사람들도 외우기 힘든 무슨 독어인지 불어인지 구별하기조차 힘든 고약한 외래어, 그것도 상당히 난해한 이름의 아파트가 신세대 부부들에게 큰 인기라는 말이 나돌아 어느 날 나는 내 딸아이에게 물었다.

왜 요즘 아파트 이름들이 저렇게 점점 어려워지느냐? 하고. 그러자, 딸아이가 빙그레 웃으면서

"아버지! 그 이유는요, 늙은 시부모들이 찾아오기 어렵게 하기 위해서래요…."

참 어이가 없었다.

세상 참 더럽게 변해가고 있구나 싶었던 그 무렵 한 여성 칼럼니스트가 신문에다「아들이 필요 없다고…」라는 칼럼을 쓴

것을 읽었다.

나와 일맥상통한 생각을 가진 여성이었고 뉘 집 딸인지 제대로 배운 딸 이다 싶었다. 그래서 그녀가 쓴 칼럼기사 몇 줄을 여기 옮겨 담는다.

그렇다고 다시 옛날 가족으로 돌아가자는 말은 아니다. 분명한 것은 가족 관계 변화의 서곡이 울려 퍼지고 있다는 점이다.

가족은 어렵고 힘없는 구성원을 보살펴주는 돌봄의 공동체다. 딸 · 아들 구별의 의미를 상실했듯이 시부모 · 친정부모, 친가 · 처가를 나누는 것 또한 어리석은 일이다. 부계 · 모계를 아우르는 양계적兩系的 가족, 부모 자식이 서로 사랑하고 돌보는 세대, 통합적 가족은 21세기를 사는 우리가 만들어 내야하는 새로운 가족 모델이다. 타인에 대한 배려 등이 적절히 어우러지면 자연스레 아름다운 가족의 모습으로 나타날 것이다.

이 시대 아들들이여!

이런 글을 자주 읽으시라. 그래서 제발 '못난 놈'이 되지 말자. 그리고 모든 집안 며느리들이여! 신랑을 '못난 놈'으로 만들지 말자. 그리고 내 딸, 남의 딸 할 것 없이 이 시대 딸들이여! 시부모 없는 내 신랑이 어떻게 있겠는가를 한시도 잊지 말고 가능하면 시부모님들 잘 모시기를 진심으로 당부 드린다. 시아버지가 술 한 잔 하고 좀 늦게 돌아온다고 문을 열어주지 않는 며느리가 늘어나고 저녁진지 차려드리기 싫다고 중국집에 자장면이나 배달시키는 며느리, 아니면 라면 한 개를 밥상 위에 올려놓고 텔레비전 앞에 앉아있는 며느리가 늘어 가면 이 나라는 반드시 멸망하고 가정들은 '개판'이 될 것이다.

그래서 필자는 다음과 같은 시 한수를 여기에 실어둔다.

시부모님 얼굴에
깊게 패인 주름살
자세히 들여다보면
군데군데 고난과
회한의 눈물이 배어있으리라
그건
그대들 신랑 낳고 키우고 가르치느라
고생으로 패인 세월 속의 풍화작용이며
힘든 삶의 흔적이니
그대들도
자식 길러 짝지어 보내고 나면
그땐 오늘의
시부모님 얼굴에 패인
그 깊은 주름살이
어느새
그대들 얼굴에 옮겨져 있으리니
비록 효부孝婦는 못되더라도
만고 불효 며느리란 소린 듣지 말기를

• 특별부록 •

서진모 실화소설

▲ 이 작품은 청소년 성폭력 방지 계몽을 위해 대도시 공연으로도 올려 질 작품이기도 하다.

狂女

누가 이 집 딸을 이렇게 만들었나?

울긋불긋한 헌 옷가지를 걸친 허수아비들이 소슬바람에 흐느적거리는 어느 가을날 추수가 한창이던 경기도 여주 풍요로운 황금들판 저 쪽으로 실오라기 하나 걸치지 않은 젊고 싱싱한 한 나체의 여인이 머리에는 하얀 들국화 한 송이를 꽂고 손에는 버드나무 가지로 된 회초리 한 개를 들고 산에서 방금 뛰어 내려온 한 마리의 길 잃은 노루 새끼마냥 이리저리 주위를 두리번거리며 뛰어다니고 있다.

산~에 산~에 꽃이 피~네. 들에 들에 꽃이 피~네.

산유화~야 산유~화야 …

제법 다듬어진 목소리로 부르고 있는 그녀의 노래소리는 매우 처량했고 그녀의 살색은 백옥처럼 희고 대리석으로 빚은 나부상 조각처럼 육감적인 몸매였다. 출렁거리는 유방은 장가 못간 시골 노총각들의 시선을 끌어당기기에 충분했으며 뭇 남정네들의 군침을 삼키게 했다. 어디선가 "저년 잡아라! 저 미친년 잡아라!" 하는 고함소리가 여기저기서 터져 나왔으며 중년 부인네들은 "저 미친년 또 지랄 발광이 났구먼"하며 침을 퉤퉤 뱉기도 했다. 일하던 남편이 나체의 여인을 정신없이 보고 있다가 아내들의 호된 질책에 고개를 떨구었고 마을 꼬마들은 신나는 구경거리나 생겼다는 듯 논두렁 밭두렁을 타고 넘어지며 자빠지며 모여들어 그녀를 쫓고 있었다.

발가벗은 그녀를 붙잡기 위해 마치 마녀사냥이나 하듯 마을 사람들이 아우성의 메아리를 이루면서 삽시간에 가을걷이하던 온 들판 사람들의 신경이 그녀에게로 향했다. 노을이 곱게 물들어 가는 황혼의 들판 바람결과 함께 그녀의 머릿결과 유방은 여전히 흔들리고 있다. 그렇다. 그녀는 미친 여자였다. 그래서 '미친년'이 된 것이었다. 마녀도 아니고 들짐승도 아닌 그냥 예쁘고 젊은 여자이며 슬픈 광녀狂女일 뿐이었다.

김숙희(가명), 열여섯 어린 나이에 이름도 성도 모르는 치한들에게 두 차례씩 윤간이라는 치욕의 상처를 입었으며 그 충격에서 헤어나지 못한 채 정신병자가 되어버린 슬프고 기구한 운명의 여인이다. 미친 여자, 그녀는 성폭행을 당한 그 후 정신병원에서 오랜 치료를 받고 요양 생활을 했으나 끝내 제정신을 찾지 못한 채 기나긴 세월을 부모가 만들어 준 소 외양간 같은 사설 감옥에 갇혀서 짐승처럼 살아왔고 앞으로도 얼마나 많은 세월을 또 그렇게 살아가야 할지는 아무도 모른다. 그런데 이상한 것은 한 달에 한 번씩 있는 생리 때마다 그녀는 심한 발작을 일으키며 엄마를 부르고 그 때마다 초인적인 괴력이 나타나곤 했다. 가족들이 외출을 할 때마다 굵은 자물통으로 움막 방 창살문을 잠그고 나가지만 그녀는 마치 덫에 걸린 성난 산돼지 같은 힘으로 움막의 쇠창살을 부수고 탈출을 시도한다.

추운 것도 모르고 더운 것도 모르는 것은 말할 것도 없지만 밥도 반찬도 손으로 마구 퍼먹는다. 가끔 이웃 사람들 특히 남자들만 지나가면 이상한 소리를 지르기도 하고 가까이 오라고 손짓을 하는 그런 고약한 모습으로 변해갔다. 그녀는 그렇게 정신은 나갔지만 신체적으로는 아무런 이상도 없었으며 정상적이었다. 그런 숙희가 정신 이상자가 되어 산으로 들로 마치 야생마처럼 뛰어 다니다가 또 다시 어떤 남자와의 비정상적인 관계를 맺어 임신을 했다. 그것도 하나도 아닌 쌍둥이 형제를 잉태한, 참으로 기구한 비극의 주인공이 되었다.

성폭행이란 말은 세상 사람들이 다 아는 바와 같이 이성간의 강자가 약자에게 상대의 성을 유린하는 이 세상 범죄 중에 가장 극악무도한 범죄인 것이다. 한 인생을 송두리째 망쳐 버리는 인간사회에 있어서 안 될 정말이지 파렴치한 범죄다. 누가 한 순간의 쾌락을 위해 짐승 같은 짓으로 순진무구한 어린 소녀에게 이토록 슬프고 아픈 운명의 사슬을 채웠고 지극히 평화스럽던 한 가정을 철저하게 파괴시켜 파멸의 길로 몰아넣고 말았단 말인가?

누가 이 여인에게 이리도 무서운 저주의 돌을 던졌는가? 누가 이 가정을 이렇게 만들었는가. 10년이 넘도록 소 외양간 같은 움막에 비참하게 갇혀 발광하는 모습으로 살아간 운명의 여인이 있었다면 과연 믿을 사람이 있을까? 그러나 이는 엄연한 사실이고 매우 슬픈 일이다. 보는 사람으로 하여금 혀를 차게 하고 안타까운 마음으로 바라볼 수밖에 없는 참담한 삶의 나락으로 떨어진 이 여인의 처절한 삶과 이 집안이 겪어야 했던 참으로 기구한 운명. 이는 진정 신이 내린 저주였을까?

불행의 여신은 어찌하여 이다지도 착하고 착한 이런 사람들에게 이렇게 가혹한 형벌을 내리는가. 마치 슬픈 전설 같은 이 이야기의 줄거리는 아득한 세월로 거슬러 올라간다. 해륭산 줄기를 타고 흘러내리는 맑은 시냇물 줄기 하나를 생명의 젖줄로 하여 살아가고 있는 지극히 평범한 농촌 마을. 이 마을도 다른 농촌과 별다른 모습이 없는 논과 밭과 야산으로 둘러싸인 조그마한 동네이며 40여 가구가 옹기종기 모여 사는 전형적인 농촌 마을이다.

이 마을 한 켠에 자리 잡은 송산댁. 그 집 앞 큼직한 단감나무 가지에는 이른 아침부터 까마귀 한 마리가 날아와 앉아 까욱~ 까욱~ 하면서 구슬픈 울음소리를 토해내며 울어재끼고 있었다. 옛 부터 까치가 아침에 와서 울면 기쁜 소식이 있거나 반가운 손님이 찾아온다는 길조로 여겼으나 까마귀가 울면 이것은 분명 마을에 초상이 나거나 불길한 일이 닥친다는 것을 예고한다고 사람들은 믿고 있다. 흉조의 상징이었다. 그래서 사람들은 집 부근에 까마귀가 날아와 울면 돌멩이를 던져 멀리 쫓아버린다. 열 다섯 마지기의 논농사와 약간의 고추농사를 짓고 있는 이 집의 안주인 송산댁은 화성군 송산면에서 시집을 왔다고 택호가 송산댁이 된 것이다. 송산댁은 아침부터 까마귀 한 마리가 날아와 울고 있는게 몹시도 마음에 거슬렸다.

집 대문간 배추밭에서 아이들 주먹 만한 돌멩이 하나를 주워 단감나무에 앉아 울고 있는 까마귀를 훠~이 하며 쫓아버렸다.

"웬 놈의 까마귀가 재수 없게 아침부터 날아와 울어대고 있누. 퉤퉤"

그녀는 침을 뱉어가며 까마귀를 쫓아버리고 하얀 타월을 뒤집어쓰고 들로 나갔다. 송산 댁 외동딸 숙희가 중학교 3학년에 다니던 그 해 4월의 일이었다.

유난히 붉은 진달래 꽃들이 마치 어느 화가가 화폭에다 진한 분홍 물감을 칠해 놓은 듯 온 산천에 그렇게 불꽃처럼 피어나고 노란 병아리 깃털 같은 개나리 꽃 들이 경쟁이나 하듯 여기저기 아름답게 피어났으며 한 맺힌 전설을 안고 있는 뻐꾹새가 왼 종일 뻐꾹뻐꾹 피울음을 토해내고 있던 기나긴 그 봄날 따스한 햇살이 서산마루 쪽으로 뉘엿뉘엿 넘어가고 있을 무렵. 시내 서점에 담임선생님 심부름을 갔다가 배가 고파 학교 앞 가게에서 떡볶이와 오뎅국을 사먹고 평소보다 한 시간 반가량 늦게 귀가 길에 오른 숙희가 마을에서 1킬로미터 가량 떨어진 공동묘지 앞 오솔길 입구에서 두 명의 치한을 만난 것은 아마도 그 치한들에게는 사전에 벼르고 기회를 노린 계획된 일 같기도 하다.

숙희가 다른 학생보다 뛰어난 미모에 성숙한 몸매를 가졌기에 평소에 치한들이 숙희를 점찍어 놓은 것인지도 모른다. 어쨌든 이 날, 열여섯 살 천진한 소녀 숙희의 몸이 찢겨졌다는 사실은 이 마을 생긴 이래 처음으로 발생한 미성년자 성폭행이란 충격적인 사건으로 기록된 것이다.

숙희는 평소에도 간혹 혼자서 이 오솔길을 왕래한 적은 있으나 이 부근에만 들어서면 왠지 누가 뒤에서 목덜미를 움켜잡고 끌어당기는 듯한 무서운 느낌과 공포의 환상이 젖어와 뒤도 돌아보지 않고 뛰어다니는 그런 산길이었다. 그런 숙희의 앞길을 가로 막으며 껌을 짝짝 씹으며 허연 이를 드러내고 웃는 괴한들이 사람이라고는 아무도 없는 공동묘지까지 이마에

송글송글 땀방울이 맺히고 얼굴은 겁에 질려 백지장 같은 이 소녀를 끌고 가는 데는 그다지 긴 시간이 필요하지 않았다. 순간적이었다. 오로지 욕정 해결만을 위해 살고 있는 인간들 같은 치한들은 거친 욕망의 숨을 쉰다.

"야! 이 기집애야 말 잘 들어!" "안돼요! 왜 이래요! 놔줘요!" 하고 소녀는 본능적인 반항을 했다. 그러나 치한 중 한 명이 "어쭈~ 이것 봐라" 하면서 점퍼 안주머니에서 보기에도 섬뜩한 칼을 뽑아내 떨고 있는 소녀의 목에 갖다 대었다. 소녀는 무서웠다. 치한 중 한 명은 어디서 많이 본 듯한 얼굴이지만 물어볼 겨를도 없었다.

'친구의 오빠……?'

마치 고양이 앞의 쥐처럼, 독수리 앞의 병아리처럼 오들오들 떨고 있던 소녀는 순간 엄마가 평소에 들려주던 말이 어떤 환청처럼 귓전에 울려왔다.

"이것아 여자는 정조를 생명처럼 소중히 생각해야 하는 법이여. 그러니 결혼하는 날까지 어떤 일이 있어도 남정네 앞에서 절대 옷을 벗으면 안돼야. 알았제?"

그것은 어느 엄마나 딸들에게 정숙과 순결 그리고 조신을 가르치는 성性의 중요성에 대한 교육이기도 하다. 그러나 그날 그 운명의 여신은 예쁘고 귀엽고 순박한 한 소녀의 인생을 갈기갈기 찢어버린 것이다. 개 같은 놈들은 굶주린 이리떼가 산토끼 한 마리 나누어 먹어 치우듯이 소녀의 몸에 차례로 욕심을 채우고 있었다. 놈들의 파렴치한 욕정은 어린 여중생의 눈물 따위는 보일 리가 없었다. 생살이 찢겨지는 아픔과 쓰라림에 소녀는 피가 맺히도록 입술을 깨물면서 살려달라고 몸부림치고 울며불며 애원했으나 놈들은 아랑곳하지 않고 두 차례씩이나 소녀를 능욕했다. 어떤 짐승들이 이보다 더 잔인했을까?

그 해 4월은 그녀에겐 그렇게 혹독하고 잔인한 달이었다.

맑고 푸른 창공에는 줄을 지은 철새들이 남쪽 하늘을 향해 힘차게 날아가고 있었으나 지나가는 사람은 아무도 없었다. 놈들의 잔혹스러운 힘에 눌린 소녀는 실신했고 욕심을 다 채운 치한들은 담배를 피워 물고 뱀처럼 징그러운 회심의 미소를 남기며 그 곳을 떠나버렸다. 마치 전쟁터에서 승전의 고지에 깃발을 꽂고 환한 웃음을 남기며 돌아가는 병사처럼 그렇게 의기양양한 모습이었다. 아니면 예정된 교미를 끝낸 짐승들처럼 그렇게 뻔뻔스럽게 한 소녀의 앞날이야 우리가 알 게 뭐 있느냐는 식으로 떠나버린 것이다. 떠나면서도 놈들은 돌아서서 비참하게 쓰러져 정신을 잃고 있는 소녀를 향해 "야, 너 만약에 이 일 소문내거나 경찰에 신고하면 네 가족 모두 죽여 버릴 거야!" 하며 무서운 협박까지 실신해 쓰러져 있는 소녀의 귓가에 남기고 떠난 것이다. 시간이 얼마나 흘렀을까. 그때서야 읍내 5일장에 갔다가 마을로 돌아오던 동네 여자들이 머리는 산발이 되고 옷은 흙이 묻어 엉망인 채 운동화를 질질 끌고 걸어가는 송산댁 딸 숙희를 발견한 것은 해가 서산마루에 거의 다 넘어갈 무렵의 일몰 직전이었다.

"숙희 쟤 틀림없이 무슨 일을 당했나 봐. 얼굴도 예쁘장하고 공부도 잘한다고 소문이 자자 하두만 결국 어떤 놈팽이들한테 당했나 봐"

마을 아낙들의 쑥덕거림 소리를 울타리 너머 상추 밭에서 언뜻 엿듣게 된 송산댁은 마른하늘에 날벼락 같은 충격과 놀라움에 떨면서 용수철처럼 밭에서 뛰어나왔다. 저만치 실성한 모습으로 집 쪽으로 힘없이 걸어가는 딸을 불러 세웠다.

"숙희야! 이것아! 이게 무슨 꼴이야? 응! 대체 누가 이랬어! 누가, 누가 너를 이렇게 만들었냐구! 어서 말해봐 이것아 어서!!"

치가 떨리는 분노의 감정이 뒤엉킨 송산댁의 울부짖음과 통곡소리는 차라리 처절한 절규였다. 이게 꿈이었으면, 악몽이라도 제발 꿈이었으면….

엄마의 몸부림치는 절규에도 숙희는 아무런 반응도 없이 그냥 눈물만 글썽글썽할 뿐 아무 말도 없었다. 저만치서 안타까운 숙희 모녀의 참담한 모습을 바라보던 마을 아낙들은 모두 손을 꼭 쥐고 혀를 끌끌 차면서 남의 일 같지 않다는 걱정스런 표정을 지으며 각자 집으로 걸어가고 있었다. 이 날따라 기나긴 봄날 서산마루에 걸린 붉은 태양은 황금빛 누런 햇살로 절망에 가득 찬 모녀의 눈물 젖은 여린 눈을 슬프게 반사시키고 있었으며 송산댁 대문간 담장 위에는 검은 도둑고양이 한 마리가 이 날의 참상을 증언이나 하듯 야옹 거리며 울어대고 있었다.

해마다 봄이면 장독대 옆에 빨간 봉숭아꽃을 심어 여름마다 꽃잎을 따서 곱게 손톱에 물들이던 소녀. 김소월의 시 산유화나 노천명의 사슴을 좋아했던 꿈 많던 문학소녀 숙희에게 이런 시련이 내릴 줄 누가 감히 상상이나 했을까. 오색 무지개의 찬란한 꿈을 지닌 사춘기 소녀 숙희, 아직 남자친구 하나 사귀어 보지 못한 순수한 여중생. 그녀는 그날 밤 힐끗힐끗 엄마를 쳐다보다 히죽히죽 웃기도 했다. 그러다가는 다시 굵은 눈물방울을 흘리다가 자정이 넘어서야 깊은 잠 속에 빠져들었다. 저녁밥도 굶은 채 온몸에 식은땀을 비 오듯 흘리며 잠이 든 딸의 옆에서 땅이 꺼질 듯한 깊은 한숨을 내쉬면서 애처로운 딸의 이마에 배인 진땀을 닦아주고 있던 송산댁은 문득 숙희를 임신할 때 꿈꾸었던 그 불길했던 태몽이 생각났다.

부엌 위에 지붕 처마 밑에 동아리를 틀고 있던 하얀 백사 한 마리가 송산댁이 이고 오던 물동이에 떨어져 내리면서 꼬리에 빨간 피를 뚝뚝 흘리며 죽는 꿈을 꾼 그 다음날 송산댁은 심한 입덧을 시작했다. 그리고 열 달 후에 숙희가 태어나자 첫딸은 살림 밑천이라고 시아버지를 비롯하여 온 식구들은 좋아서 어쩔 줄 몰랐다. 그러나 송산댁은 그 소름 끼치던 태몽이 늘 마음에 걸렸지만 아무에게도 말하지 않았다.

숙희의 사건이 터지던 그날 숙희 아버지 일중은 외동딸 숙희가 중학교를 졸업하고 대도시에 있는 좋은 고등학교에 진학하려면 시내 학원이라도 좀 보내야한다는 말을 듣고 학원비를 마련하기 위해 기르던 암소 한 마리를 팔아야 한다고 생각하고 읍내 우시장에 가서 소를 팔고는 허전한 마음을 달래기 위해 장꾼들과 어울려 대폿집에서 술을 거나하게 마시고 저녁 아홉 시가 넘어서야 귀가를 하였다. 그러므로 일중은 딸아이에게 어떤 일이 있었는지 알 턱이 없었던 것은 당연한 것이었다. 송산댁은 안절부절, 술 취한 남편을 맞이했고 남편 일중은 오면서 생각했던 딸아이의 진로 문제를 오늘 밤 한 번 심도 있게 나누어 보리라 하고 숙희의 반가운 마중을 기대했는데 숙희는 보이지 않고 아내 혼자 오줌 마려운 강아지 마냥 쩔쩔매는 몸짓으로 초라한 밥상을 차려 나오자 "숙희 이놈은 애비가 집 나갔다 이렇게 늦게 돌아와도 한 번 내다보지도 않는구먼. 제 방에서 공부하는가?" 하면서 매우 서운한 표정을 지었다. 그러자 송산댁은 얼른 남편의 눈치를 보면서 말을 더듬거린다.

"여보, 숙희가 아마 가, 감기 몸살인가 봐요. 저녁도 안 먹고 몸이 불편하다며 그냥 잠들었어요. 하실 말씀 있음 내일 하세요, 네" 그러자 남편은 못마땅하다는 표정을 지으면서 "내일 이래 두 시내 학원에 등록하라고 해요." 하면서 안주머니에 들어있던 소판 돈에서 돈 한 묶음을 아내에게 내밀고는 밥 생각이 별로 없다면서 담배 한 개피를 꺼내어 물고는 아래채에 있는 자기 방으로 내려가 곧바로 잠이 들었다. 송산댁은 아무리 부부지간이지만 술 취한 남편에게 차마 낮에 있었던 참담한 딸아이의 성폭행 피해를 말할 수가 없었다. 그녀는 밤새도록 땅이 꺼지고 방 천정이 무너질 듯한 깊은 한숨만 내뿜으며 혼자서 벙어리 냉가슴 앓듯 끓어오르는 분노를 삭이면서 저쪽 아랫목에서 끙끙 앓는 소리를 내며 잠들어 있는 딸아이의 모습을 바라보고 있으려니 숨이 콱콱 막히고 억장이 무너져 내렸다. 어쩜 좋은가? 이 기막힌 일을… 하고 눈을 감았다. 내가 전생에 무슨 죄를 지어서 이런 끔찍한 일을 당해야 한단 말인가….

하늘도 무심하고 부처님도 야속했고 조상님들까지 원망스러웠다. 그러는 사이에 자다가 벌떡 일어난 숙희는 바짝 마른 파란 입술을 바들바들 떨면서 "사, 살려주세요… 네?"하며 손을 싹싹 비비며 울다가 갑자기 "아앗!"하는 찢어지는 듯한 비명소리를 내어 질렀다. 딸의 이 같은 비명 소리에 소스라치게 놀란 송산댁은 이 소리를 아랫방에 잠든 남편이 혹시나 놀라 깰까봐 더욱 불안했다. 얼른 옆에 있던 수건을 들어 딸아이의 입을 틀어막았다. 평소 마음씨 착하기로 소문난 송산댁 내외는 비록 부잣집은 아니지만 정말이지 법 없이도 살아갈 순진한 사람들이었다. 슬하에 자식이라고는 이 외동딸 하나밖에 없는데 이 귀한 딸에게 왜 이런 청천벽력 같은 일이 몰아 닥쳤단 말인가?

아무리 생각해도 기가 막힐 뿐이었다. 이제 날이 밝으면 남편이 알게 될 것이고 마을 사람들이 수군거릴 텐데 이 일을 어쩌면 좋단 말인가… 마을 사람들이야 또 그렇다고 치면 되겠지만 마음 약하고 순진한 남편이 이 사실을 알고 절망에 빠질 일을 생각하니 송산댁의 가슴은 천근같은 바위 덩어리가 눌러오는 기분이었다. 그러나 그렇다고 이 참담한 일을 언제까지나 감추고 쉬쉬한단 말인가? 도무지 어떤 대책이 서지 않았다. 얼마나 답답하고 초조한 시간이 지났는지, 이윽고 새벽닭이 울고 동쪽 하늘이 훤해 오자 남편 일중은 여느 때와 다름없이 일어나 냉수 한 사발을 마시고는 쇠죽을 끓이기 위해 아래채 부엌에 들어가 아궁지에 불을 지피고 습관처럼 담배 한 대를 꺼내 물었다. 송산댁은 쿵쿵거리는 가슴을 두드리며 어쩔 수 없이 쇠죽을 끓이고 있는 남편 곁으로 다가 앉았다.

"여보, 내 말 듣고 너무 놀라지 말아요." 하며 죄지은 사람마냥 고개도 들지 못한 채 떨리는 목소리로 어제 숙희가 학교 갔다 돌아오다가 당한 참변을 말하기 시작했다. 한없이 안타깝고 애절한 아내의 목메인 이야기를 전해들은 일중은 한동안 정신을 잃어버린 사람처럼 멍하니 아내의 얼굴만 바라보다가 그만 얼굴이 일그러졌다. 그러면서 왜 어젯밤에 진즉 그 말을 해 주지 않았느냐며 쥐고 있는 부지깽이를 그만 쇠죽 솥 뚜껑에다 사정없이 내려쳤다. 그의 눈에는 아내를 원망하는 눈빛이 마치 이글거리는 아궁이의 장작불처럼 분노의 불길로 변하고 있었다.

부들부들 떨리는 손으로 담배에 불을 당기고는 치맛자락으로 눈물을 훔치고 있는 아내에게 당장 술을 가져오라고 고함을 내질렀다. 막걸리 한 사발을 숨도 쉬지 않고 들이마신 일중은 아직도 깊은 잠 속에 빠져있는 딸아이의 방으로 뛰어 들어갔다. 그는 딸아이를 데리고 당장 경찰서로 갈 생각이었다. 그러나 이미 숙희는 혼비백산이 되어 있었고 자신을 흔들어 깨우고 있는 아버지를 어제 산에서 자신을 갈기갈기 짓밟은 치한들로 보였는지 그만 "으아악!!" 하면서 찢어지는 비명소리를 지르면서 벌떡 일어나 치를 덜덜 떨고 있었다. 입고 자던 잠옷은 밤새 얼마나 진땀을 흘렸는지 왼통 비 맞은 사람 몰골이 되어 있었다. 하늘이 무너진 듯한 절망감에 사로잡힌 숙희 아버지는 그만 벽에 기댄 채 망연자실 눈을 감고 말았다. 그런 그의 두 눈에서는 형용할 수 없는 서러움이 뜨거운 눈물로 흘러내리고 있었다.

줄담배를 태워 물던 일중은 무슨 생각을 했는지 이를 부드득 갈면서 방문을 발길로 차고 나와 농기구 창고에 있던 자전거를 꺼내 다리를 비틀 거리며 올라타고 읍내로 향해 페달을 밟고 있었다. 부녀간의 이런 처절한 모습을 마루에서 정신없이 바라보고 있던 송산댁은 더 이상 견디어 내기 어려운 분노의 오열을 삼키면서 이불을 뒤집어쓰고 엎드려 있는 딸을 흔들어 깨웠다.

"애야! 어서 일어나라, 일어나 밥 좀 먹고 어서 병원에 가자."

그러나 딸아이는 엄마의 애절함도 못 알아듣고 갑자기 놀란 짐승의 눈빛으로 제 엄마를 노려보면서 "이 개 같은 놈들!" 하면서 땀에 흠뻑 젖은 잠옷을 벗어 송산댁의 얼굴에다 확 집어 던진다. 그러면서 묘한 웃음을 살짝 드러내었다. 아무리 모녀지간이라도 이성을 잃은 딸의 독기 어린 눈빛과 새파란 웃음을 보니 소름이 오싹 일고 무섭고 섬뜩하기까지 했다.

어느 날 갑자기 이 가정에 내린 시련을 하느님도 아셨는지 4월의 하늘에서 가는 빗줄기가 내리기 시작했다. 경찰서로 달려간 숙희 아버지는 초등학교 후배 한 명이 근무하고 있는 수사과로 들어갔다. 평생 이런 곳에는 한 번도 와보지 않은 순진하고 선량한 농부 김일중이 경찰서 구내 다방에서 고향 후배 정 형사를 만나 딸아이의 성폭행 피해를 이야기하면서 얼마나 분하고 원통했으면 그의 손에 들린 커피잔이 흔들려 절반이나 흘러 내렸을까.

일중의 참담한 이야기를 대충 다 들은 정 형사는 일단 숙희를 한번 만나보자면서 자신의 차에 숙희 아버지를 태워 집으로 달려왔다. 그것은 피해 당사자의 말을 들어봐야 범인들의 인상착의나 나이 등을 알 수가 있기 때문이기도 하고 만에 하나 산부인과에 데리고 가서 진찰을 받고 범인들의 체액이라도 검출이 되면 놈들의 검거가 매우 용이하기 때문임은 말할 나위가 없는 것이다. 그런데 이건 또 무슨 변고인가.

정 형사와 숙희 아버지가 집에 도착하기 조금 전 숙희는 발가벗은 알몸으로 부엌으로 달려 나가 어제 더럽혀진 아랫도리를 말끔히 씻어내었던 것이다. 한 발짝 늦은 정 형사의 마음은 참으로 허탈할 수밖에 없었다. 그러나 최선을 다해 범인 검거를 하기 위해 숙희를 불러 앉혀놓고 어제의 상황을 진술 받고자 하였으나 숙희는 이미 넋을 잃은 상태였고 도무지 입을 열지 않았다. 이런 딸의 모습을 바라보던 일중은 그만 화가 치밀어 오른손을 번쩍 들어 천정만 쳐다보고 있던 딸아이의 뺨을 후려쳤지만 숙희는 그냥 히죽히죽 웃고만 있었다. 한사코 안 가려는 것을 억지로 차에 태워 시내 산부인과로 데려가 진찰을 받아보니 숙희의 하체는 심한 상처를 입었다는 진단이 나왔다. 그러나 피해자의 진술도 체액의 검출마저도 확보하지 못한 이 사건의 수사는 자연 흐지부지될 수밖에 없었다.

정 형사는 일중의 내외를 많이 원망하였다. 사건이 나던 날, 그러니까 어제 저녁 늦게라도 곧바로 신고를 하고 곧바로 병원으로 데려가서 범인들의 체액 검출을 하여 국립과학수사 연구소에 감정만 시켰어도 범인 검거는 시간 문제였을 거라는 게 정 형사의 주장이다. 일리 있는 말이다. 사실 성폭행 사건의 범인 검거에 실패를 하는 경우의 대부분이 집안 망신 또는 피해 당사자의 장래 문제 염려 등으로 신고를 제대로 하지 않고 쉬쉬하고 감추어 버리기 때문이며 상대적으로 범인들은 이점을 노리고 있다는 것이 그의 설득력 있는 설명이다.

그리고 수사 당국에서는 피해자의 프라이버시 보호를 위해 각별한 주의로 범인 검거 때까지 극비 수사를 한다면서 송산댁을 너무 순진하다며 탄식을 하고는 차를 돌려서 가고 말았으며 그리하여 그만 그 사건은 영구 미제 사건으로 넘어가고 있었다. 쏟아진 물처럼….

아직도 그날의 충격에서 헤어나지 못한 숙희는 그 길로 정신분열 증세를 보였으며 당황한 두 부부는 한약을 지어 와서 달이고 용하다는 점쟁이를 찾아다니기도 하고 읍내 이름난 무당을 찾아가 굿을 부탁하기도 하면서 동분서주로 뛰어다녔으나 모두가 허사였고 사후 약방문이 되어버렸다. 그런 어느 날 어른들이 잠시 집을 비운 사이에 숙희는 입고 있던 옷을 모두 벗어 던져버리고 팬티 바람으로 그만 가출을 해버린 것이다.

이것이 광녀 숙희의 첫 번째 알몸 탈출 사건이며 그야말로 눈 위에 서리가 내린 설상가상이 된 것이다. 두 부부는 다시 깊고 깊은 절망의 늪 속으로 빠져 들었다. 마음씨가 너무 착해 홍부네 라는 별명까지 붙은 이 집안이 왜 하루아침에 이 지경이 되었는가? 매일처럼 술에 젖어 사는 김일중, 시골 초등학교 교감 선생의 딸로 얌전하고 정숙하게 자라나 거친 세파 모르고 살아온 송산댁 박경자는 이제 약간 실성한 여인이 되어가고 있는 듯 했다. 이런 것을 두고 한치 앞을 모른다는 인간의 운명이라고 해야 하나… 결혼한 지 일 년 육 개월 만에 얻은 이 딸은 어릴 적부터 인물이 뛰어났고 머리가 영특해 공부도 늘 상위권이었다.

시내에서 중학교 교편생활을 하고 있는 숙희의 외삼촌 박경준은 생질녀 숙희의 아이큐가 뛰어나 이 다음에 반드시 훌륭한 여류 인사가 될 거라며 무척이나 이 조카를 아끼고 사랑했다. 이렇듯 숙희는 온 집안과 외가댁 식구들의 사랑을 독차지하며 곱게 자란 소녀다. 도내 중학교 백일장에 나가서도 산문 부문에 특상을 받을 정도로 문학에도 뛰어난 재능을 보인 소녀는 이제 제 정신이 아닌 정신질환자가 되었고 자랄수록 예쁘다는 소리를 듣고 이다음에 미스코리아 선발대회 내보낼 미인이라는 소리를 들으면서 한 송이의 싱싱했던 꽃송이로 피어나던 소녀 김숙희는 천벌 받을 인간, 못되고 사악한 성폭행 범들에게 짓밟혔고 이제 그녀의 인생은 그만 벌레 먹은 장미신세가 되어가고 있었다. 너무 예쁘고 너무 영리해서 운명의 여신이 시샘을 한 것일까? 두 내외가 소를 팔아서라도 숙희를 시내 고교 입시 전문학원에 보낼 계획을 세울 때만 해도 그들의 꿈은 부풀어 있었으며 특히 가난한 교육자 집안에서 여섯 남매의 장녀로 태어난 박경자는 집안 환경으로 시골 여자 중학교밖에 못나온 자신의 처지에 늘 심한 콤플렉스에 빠져있던 터라 영리하고 예쁜 이 딸에게 어떤 대리 만족을 느끼고 싶었던 것이다. 그러던 송산댁이라 더더욱 말할 수 없는 상실감에 젖어 들었고 그녀가 당면한 설움은 어디에도 비교할 수가 없었다. 좋은 고등학교에 보내고 일류 대학에 진학시켜 사위 하나라도 돈 잘 벌고 권력 있는 그런 데릴사위를 봐야겠다는 것이 그들의 소망이었고 그들만의 욕심이기도 했다. 못 배우고 가난해서, 그래서 힘있고 돈 있는 자들에게 늘 짓눌려 살아온 것이 한으로 가슴에 사무쳐서 삶의 빈곤에 대한 어떤 심리적인 보상 욕구라고나 할까. 그래서 그들은 그런 간절한 소망을 했는지도 모른다. 물론 숙희도 그런 부모들의 심정을 알고나 있는 듯 효성이 지극했다.

아직 한 번도 부모 속을 태워본 일 없는 아이였다. 그러던 그들에게 마른하늘의 날벼락과도 같이 날아든 그날의 비운으로 오색 무지개의 희망과 장밋빛 꿈은 산산 조각이 나 버렸다. 툭하면 가슴이 답답하다고 고함을 지르고 자다가도 벌떡 일어나 옷을 홀랑 벗어버리고 젖가슴을 움켜쥐고는 짐승 같은 괴상한 울부짖음과 소름 끼치는 비명 소리를 질러대어 부모들은 물론 옆집 사람들까지 잠을 설치기도 했다. 어떤 날은 누웠다가는 벌떡 일어나 손을 싹싹 비비며 살려 달라고 애원하는 시늉도 하는 그런 딸을 바라보는 부모의 가슴은 마치 송곳으로 쑤시는 듯한 아픔을 느끼고 있었다. 더 이상 방관만 해서는 안되겠다고 생각한 부부는 하는 수 없이 숙희를 정신병원에 입원을 시켰다. 그러나 입원한 지 일 년이 지나도 별다른 효과를 보지 못해 병원 치료를 포기하고 도로 집으로 데려왔을 무렵 그 또래의 딸아이를 키우는 동네 사람들조차 이 가족들의 아픔을 아랑곳없다는 듯 빈정대고 손가락질만 하는 것이었다.

"그년 미쳐도 더럽게 미쳤어, 시상에 툭하면 옷을 홀랑 벗어 버린 대여." 하면서 냉대와 멸시는 말할 것도 없었고 심지어 애를 어떻게 저렇게 키웠느냐며 입을 비쭉거리기도 했다. 어느 누구도 다정한 위로의 말 한마디 없었다. 말하자면 이 집 식구들은 철저한 왕따가 되어 그것이 더욱 서러웠고 분했다. 심지어 숙희와 동급생들까지 "더러운 기집애, 우리 여자 망신 다 시키고 다녀. 남학생들이 뭐라는지 알아?" 하면서 온갖 멸시와 냉혹한 욕설을 퍼붓기 일쑤였다. 그러나 어쩌랴, 이것이 비정한 세상의 인심인 것을… 하며 딸아이가 외부 사람들의 눈에 띄지 않게 집 뒷마당 한켠에 외양간 같은 움막, 말하자면 아무도 모르게 딸을 가두어두기 위해 숙희 아버지 일중은 사설 감옥 하나를 지어 그 속에다 어린 딸을 집어넣을 수밖에 방법이 없었다. 그러지 않고선 툭하면 뛰쳐나가버리는 딸을 보호할 방법이 없었기 때문이다.

그런 세월이 얼마쯤 지났을 무렵이었다. 사건 당일 숙희를 시내 서점에 책 심부름 보냈던 담임선생 배지숙이 그 동안 얼마나 많은 양심의 가책과 도의적 책임감에 고민을 해왔던지 이 모두가 자신의 임신된 몸, 그 안위만을 생각했던 자기의 책임이라며 교육자 양심으로 더 이상 교단에 머무를 수 없다고 학교에 사표를 제출했다. 현실에 보기 드문 참 스승의 양심이었다. 배지숙은 그날 자기가 심부름만 보내지 않았어도 꽃같이 예쁘고 착한 숙희가 저런 신세가 되지 않았을 것이 아닌가 하는 죄스러운 고민과 심한 우울증까지 겹쳐 출산핑계로 휴가를 내었고 그러다가 그만 유산이라는 아픈 상처까지 맛보아야 했다. 그러나 숙희 부모는 학교에 찾아와 항의나 원망 한번 하지 않아 그것이 더 큰 고통이기도 했으며 자신의 죄로 하여 어린 제자가 저런 참담한 불행의 늪에 빠졌다고 생각했다. '그래, 다 내 잘못이야. 그래서 하느님께서 나에게 유산이란 무서운 형벌을 내리신 거야.' 하며 속으로 많이도 울었다. 배지숙은 숙희의 사건 당시 결혼한 지 일 년

된 예쁘고 마음씨 착한 새색시 여 선생님 이었다 .

배선생이 이 시골 여중에 처음 부임하던 날 학생들은 물론 모든 선생님들도 그녀의 뛰어난 미모에 넋을 잃을 정도였다. 고향인 충청도에서 교육대학을 나와 이곳으로 첫 발령을 받은 그녀는 사건이 나던 날에는 임신 3개월이었다. 그날따라 너무 피곤하고 힘이 들어서 시내의 서점까지 가기가 어려워 별다른 생각 없이 평소에 심부름을 잘하는 숙희에게 새로 번역되어 나온「랭스턴 휴즈」의 시집을 한 권 사다 달라고 부탁한 게 그만 결과적으로 이런 엄청난 불행을 초래한 원인이 되어 버린 것이다.

그 당시로써는 그 시각에 시내버스를 타고 서점까지 갔다 와도 별로 늦어지지는 않을 것이라 생각했고 또 숙희 집 가는 중간 지점에 그런 으슥한 산길이 있다는 것도 사건이 난 후에야 숙희 친구들로부터 듣고 알게 된 것이다. 어쨌든 이제는 이미 다 쏟아진 물이 되었지만 배지숙은 어느 날 숙희의 친구 편에 다음과 같은 편지 한 통을 전했다.

사랑하는 숙희에게

숙희야!

선생님이 전하는 이 편지를 숙희가 남의 도움 없이 받아 읽어주면 얼마나 고맙고 다행스런 일이 되겠니? 이 못난 선생님 어떤 말 무슨 글로써 너의 그 크나큰 마음의 상처를 위로할 수가 있겠냐마는 그러나 선생님은 너희 부모님 앞에 나타날 용기가 나지 않아 이렇게 부끄럽고 면목 없이 편지와 내 작은 성의로 금일봉을 보내니 너의 치료비에 보탬이 되었으면 좋겠구나.

사랑하는 숙희야! 선생님 용서할 수 있겠니?

뒷일은 전혀 생각하지도 않고서 나의 생각만을 하고 너에게 그런 심부름을 보내 그만 그런 불행한 일을 당하게 했구나 생각을 하니 선생님 가슴이 천 갈래 만 갈래 찢겨지는 것 같구나.

숙희야 지금 선생님이 너를 위해 할 수 있는 일은 오직 부처님께 빌고 빌어 숙희의 상처받은 몸과 마음을 하루 속히 치유시켜 달라고 지성껏 불공드리고 매달리는 길밖에 없겠구나.

그래서 오늘 선생님은 학교에 사표를 내구 입산수도 하려고 결심했단다. 전지전능하신 부처님께서는 심성이 천사 같은 우리 숙희를 절대로 외면하시지 않으리라, 숙희야! 우리 절대 희망을 버리지 말구 이 기막힌 시련을 함께 극복하자. 이 선생님 너의 정신이 되돌아오는 날 너를 껴안고 통곡을 했으면 싶구나.

사랑하는 나의 제자 숙희야!

선생님이 그날 너에게 심부름시켜서 사온 「랭스턴 휴즈」의 시집에는 아이러니하게도 이런 시 한 구절이 실려 있어 선생님 마음이 더욱 애잔하다만 읽어주기 바란다.

때로는 불 없이 깜깜한 어둠 속을 갔다

그러니 얘야! 사는 게 좀 어렵다고

제발 주저앉지 말아라.

- 여기서 넘어지지 말아라. 〈면목 없는 선생님 씀〉 -

마을의 같은 반 친구로부터 이 편지를 전해 받은 그 다음날 숙희는 또다시 움막의 철창을 뜯어내고 옷을 홀랑 벗어버린 채 담장을 뛰어넘어 나가고 말았다. 몸서리나는 강간 피해의 충격으로 맑은 정신이 육체에서 도망쳐 나가버렸듯이 그렇게 자꾸만 그녀는 집에서 도망치려 했는지도 모른다. 숙희의 발광 증세는 날로 심각해져 잠시라도 틈만 있으면 움막을 뜯고 탈출을 시도하였으며 그럴 때는 어디서 그런 힘이 나오는지 상상하기 어려운 괴력을 발휘하였다. 이런 소문은 이 마을은 말할 것도 없고 인근 마을까지 확산되어 나가 인근 지역꼬마들까지 학교 공부가 끝나기가 무섭게 송산댁 주변으로 몰려들었다. 개중에는 짓궂은 아이들이 심지어 담을 넘어 들어가 숙희의 알몸 구경에 열을 올리고 나뭇가지와 흙을 던지기도 하지만 숙희는 여전히 히죽히죽 웃다가는 험악한 욕설로 고함을 버럭 질러 꼬마들을 놀라게도 하고 그러다가는 또 구슬픈 노래를 부르기도 한다. 우~울 밑에선 봉선화야~ 네 모양이 처량하다~ 그럴 땐 자기도 모르게 눈물을 뚝뚝 흘리고 무언가 생각에 잠기기도 했다. 몰려든 아이들을 쫓아내고 송산댁이 밥을 가지고 가면 "그, 그 놈들 못 봤어? 나 그 놈들 잡으면 뜯어 먹을 거야." 하면서 이를 부드득 갈기도 하였다. 저것이 얼마나 원한이 사무쳤으면 정신을 잃고서도 저러는가 싶어 밥만 넣어 주고 오려던 엄마는 남편 모르게 창살 자물통을 열고 움막 안으로 들어가 정신 잃은 딸을 껴안고 하염없이 울었다.

비가 오고 천둥 번개가 치는 밤이면 그녀의 발광 증세는 더욱 거세어지고 눈빛은 마치 덫에 걸린 산짐승이 어둠 속에 쓰러져 시퍼렇게 발산하는 무섭고 소름 끼치는 눈빛 같은 그런 광채를 띄우고 마음대로 뛰어다니던 맹수를 잡아 우리 속에 가두어 두면 입에 붉은 피를 흘리면서 창살을 물어뜯고 몸부리치며 발악하는 그런 형상이었다. 그녀의 서러운 노래며 짐승의 울음 같은 무서운 비명 소리와 처절한 몸부림은 더러운 세상을 향한 분노의 함성일까? 아니면 자신의 육신과 영혼을 참담하게 짓밟은 인간들을 향한 저주의 항변일까? 본인도 본인이지만 이 세상에 하나밖에 없는 외딸이 잔인무도한 치한들에 의해 너무도 억울하고 너무도 비인간적인 삶의 나락으로 떨어진 모습을 아무런 대책 없이 바라만 봐야 하는 부모의 가슴은 정말이지 천 갈래 만 갈래 찢어지는 아픔을 겪고 있는데 이웃과 동네 한 켠에서는 비정스럽게 마치 이 집 딸이 무슨 매춘 행위라도 한 것처럼 평소의 소행이 어쨌다느니 하면서 말들을 만들어 이제는 이 댁 식구들을 마을에서 쫓아내려는 소위 숙희네 가족 추방 운동까지 벌어지고 있다는 소문이 퍼지고 있었다.

그 며칠 후였다. 송산댁이 장에 갔다 오면서 들어보니 작년인가 서울에서 이사 들어온 창륭이 엄마라는 성미 고약스럽고 술 잘 먹기로 소문난 여자가 제일 앞장서서 이런 일을 꾸미고 다닌다는 이야기를 듣고 송산댁은 너무 분하고 원통하여 치가 떨렸다. 처음 이사 와서는 간이라도 빼 줄듯이 살살거리며 장도 김치도 얻어다 먹고 필요할 땐 돈까지 무이자로 빌려 쓰던 이 여자는 농촌 부인에게 어울리지 않은 붉은 염색을 하고 다녀 별명이 빨강머리다. 들리는 소문으로는 서울에서 무슨 가요 주점인가 술장사를 하면서 낙찰계를 만들어 곗돈을 몽땅 사기해 가지고 남편과 이혼을 하고는 고등학교를 중퇴한 아들 창륭이를 데리고 친정이 있던 이곳으로 피신을 와서 질이 퍽 좋지 않은 여자였다.

창륭이 엄마, 빨강머리는 지난 가을 마을 사람들과 온천 관광을 가서 술이 만취해 남자들과 어울려 춤을 추다가 유부남과 눈이 맞아 인근 모텔로 들어가 간통을 하려다가 그 남자 부인의 추적에 걸려 미수에 그친 행실이 상당히 안 좋은 여자였건만 마을 사람들이 이 여자를 함부로 다루지 못하는 것은 그녀의 아들 창륭이 서울에서 불량배 생활을 하여 성질이 매우 포악하고 아이든 어른이든 자기 눈에 거슬리면 반드시 해꼬지를 하고 툭하면

다 죽여 버리겠다고 협박을 하고 다니기 때문이다. 그리고 사람들은 속으로는 그들 모자를 상대하지 않으려 노력하지만 겉으로는 어느 누구도 그들을 멀리할 수 없는 이유는 빨강머리의 더러운 악담에 오르내리기 싫고 또한 그녀의 아들 창륭의 보복을 두려워하기 때문이다. 그래서 이 마을에는 언제부터인지 "똥이 무서워 피하는가?"하는 말이 나돌고 이는 바로 이들 모자에게 던져대는 증오의 파편들이 되고 있었다. 그러던 어느 날 송산댁에는 시내 중학교에서 체육교사를 하는 친정 동생 박경준이 다녀갔고 그때 동생에게 무심코 "아무래도 빨강머리 아들 창륭인가 하는 그 놈이 수상쩍으니 그 놈의 행적을 어디 아는 경찰이라도 있음 한번 부탁해서 알아봐라." 고 하였고 박경준은 누님의 부탁을 외면할 수가 없어 일단 그 마을에서 자신의 학교에 다니는 학생들을 상대로 창륭이란 놈의 생활 태도를 물어 보았던 게 그만 또 하나의 자극제가 되어 빨강머리의 숙희네 가족 추방 운동은 더욱 열기를 뿜게 되고 두 가정의 사이는 그야 말로 견원지간이 되어가고 있었다.

드디어 마을에서는 숙희의 정신이상에서 파생되는 여러 가지 문제들을 종합하여 송산댁 가족 추방 문제를 1가구 1인의 찬반 투표로 결정키로 합의를 하고 마을 이장과 부녀회 회장 감독 하에 비밀 투표를 실시하기로 결의를 한 날 밤이었다. 송산댁 마당에는 비닐봉지에 담긴 쪽지 한 장이 떨어져 있었다. 그 쪽지에는 다음과 같은 굵은 매직펜 글이 담겨 있었다.

"만일 투표에 이긴다고 이 마을에 계속 버티고 있으면 이 집 구석에 석유를 확 뿌려 불바다를 만들어 버릴 것이니 알아서 해라!"

참으로 섬뜩한 협박의 통지였다. 송산댁 내외는 이게 다 누구의 짓인지 알았지만 어질고 착한 두 사람은 이 협박 자체를 극비에 붙이기로 언약을 하고 들판으로 일을 나갔으나 도무지 일이 손에 잡히지 않았다. 특히 송산댁은 남편보다 더 분하고 원통해서 왼종일 수건으로 눈물을 훔치고 가슴을 칠 수밖에 없었다. 애지중지 낳고 기른 외동딸이 절망의 강에 떠내려가고 있는 판국인데 누가 우리의 가족에게 또 이런 못된 협박을 하고 무서운 돌팔매를 던진단 말인가.

그래, 맞아! 틀림없어. 그 여자야! 내 판단이 틀림없어…… 생각이 여기까지 미치자 송산댁은 얼른 남편 곁으로 달려갔다.

"여, 여보! 그 여편네가 틀림없어. 그 빨강머리 말이야. 그 년 아들 놈 있잖아. 창룡인가 창룡이라던가 하는 그 놈팽이 놈 말이유. 내 예감이 틀림없어요. 그 때 우리 숙희가 그런 참변을 당하고 이튿날 당신이 경찰서 정형사 만나러 간 그 시각에 그 놈이 우리 대문간에서 우리 집 분위기를 엿보구 있는 걸 본 사람이 있어. 언젠가 내가 어느 신문에서 본 일이 있는데 강력범들은 사건 발생 이후엔 반드시 그 현장이나 피해자 가족 동태를 살피는 공통적인 버릇이 있다고 했더라구요. 제 놈이 아무 상관없으면 왜 하필이면 그날따라 우리집 대문을 기웃거렸겠수? 안 그래유, 여보?",

"그러구보니 그 놈 행동이 좀 수상쩍다 싶네. 며칠 전이지 아마 저쪽 상칠네 가게에 내가 담배 한 갑을 사려고 들어가니까 그 놈이 마시던 술을 그대로 두고 슬그머니 일어나 그냥 피해버린 일이 있어.",

"그래요. 그 놈 맞아요. 그래서 애미라는 년은 혹시 우리 숙희가 제정신을 차리고 그래서 제 아들놈 범행이 탄로라도 나면 어쩌나 싶어 도둑이 제 발 저리다는 격으로 입에 거품을 물고 우릴 이 마을에서 쫓아내려고 그년

이 발악을 하는 거야. 내 말이 틀림없어요. 그러니 당신이 먼저 이장님 찾아가서 자초지종 말씀을 좀 드려요."

"그러다가 만일에 그것들이 증거 대라, 이건 명예 훼손이다 뭐다 하고 덤비면 어쩌려고 그래? 그래서 어떤 사건은 심증은 가지만 물증이 없어 범인을 못 잡는 경우가 많다고 정 형사가 말하더라구. 그러니까 우린 그냥 잠자코 있다가 오늘 저녁 투푠가 뭔가 그 결과를 지켜보자구. 설마 수십 년 뿌리 내리고 사는 우릴 그리 쉽게 쫓아내겠어?"

"여보 모르는 소리 말아요. 글쎄 그 인간들이 어느새 마을 사람 여럿이 술대접해서 매수해 두었다는 소문도 나돕디다. 설마가 사람 잡는다구 공연히 방심하다가 덜컥 추방이 찬성으로 결정이 나면 우린 어쩔거유. 저 성치도 않은 애를 데리구 어딜 이사를 간단 말이유?"

어쨌든 이날 저녁 예정대로 투표 준비는 빨강머리 치맛바람과 함께 서서히 준비가 되고 마을 사람들 수십 명이 회관으로 모여 들어 웅성거리고 있었다. 그러자 갑자기 한 처녀가 자기 엄마로부터 이 사실을 전해 듣고는 이곳에 나타난 것이다. 그녀는 마을 사람들에게 양해를 구하고 앞으로 나가 마이크를 잡았다.

"존경하는 동네 어르신들 안녕하세요? 저는 저쪽 과수원 집, 그러니까 수원 댁 둘째 딸 진보라라고 합니다. 저는 현재 이 마을에 살지 않고 용인에서 공부하고 있는 대학생입니다만 오늘 저녁마을에 아주 중요한 일이 있다고 해서 몸이 불편하신 엄마 대신 이렇게 나오게 되었고 또한 제가 꼭 한 말씀 드릴 게 있어서 이렇게 감히 마이크를 잡게 되었습니다. 저도 그냥 말로만 전해 들었습니다만 저쪽 송산 댁 숙희가 어떤 치한들로부터 능욕을 당하고 지금 그 충격으로 정신 이상자가 되어 가끔 발작 증세로 옷을 벗어 던지고 마을을 배회한다는 단지 그 이유 하나로 억울하게 당하고도 말 한마디 못한 채 죄인처럼 숨죽이구 살아가는 그 불우이웃을 다른 곳으로 내쫓기 위해 이런 단체 행동을 한다는 것은 불쌍한 그들을 두 번 죽이는 매우 잘못된 일이라 감히 생각합니다.

이 나라 헌법에는 엄연하게 누구에게나 주거의 자유가 보장되어 있습니다. 우리는 그분들의 아픔을 함께하고 그분들의 깊은 상처를 치유해 드려야 할 최소한의 양심을 지니고 마음으로나마 따뜻한 애정을 갖고 도와드려야 합니다. 제가 듣기로는 진정 이 마을을 떠나야 하구 내쫓겨야 할 사람은 따로 있다고 들었습니다. 그러므로 오늘의 이 행사는 없던 일로 마감을 해 주셨으면 하는 간절한 심정으로 이렇게 감히 호소 드립니다."

갑자기 나타난 불청객 진보라의 진솔하고도 지극히 인간적인 연설을 조용히 듣고 있던 마을 사람들은 세찬 박수로 그녀의 설득력 있는 연설에 화답을 하고 있었다. 이에 질세라 빨강머리 창룡 엄마가 소주를 얼마나 퍼 마셨는지 얼굴이 벌겋게 달아오른 모습으로 나섰다.

"아니, 동네 사정도 모르는 새파란 젊은 아이가 어른들 하는 일에 바라지게 나서서 이러쿵저러쿵 하는데 왜 아무도 말 한마디 안해요?

그럼 다 큰 기집애가 지 행실이 좋지 않아 당한 일을 무슨 벼슬이나 한 듯이 발가벗고 동네방네 뛰어 다니는 걸 그냥 두고 본단 말인가요? 절대루 안 됩니다. 당초 결의한 대로 투표에 붙여서 결정을 해야 합니다. 이장님 여러 소리 듣지 말구 어서 투표를 합시다."

그러나 분위기는 어수선하고 부인들은 서로 귓속말만 나누고 있자 수원

댁 딸 진보라가 다시 일어나 마이크를 잡았다.

"여러분! 서양 속담에 이런 말이 있습니다. 남의 불행을 비웃지 마라. 자신의 행복이 영원하리란 보장이 있는가 라는 말입니다. 그렇습니다. 아무도 자신의 앞날을 모르니까 이웃에 우리보다 불행한 사람이 있으면 최소한의 애정을 가지고라도 그들을 도와주고 보살펴야 합니다. 제가 오늘 이런 말씀까지는 하지 않으려고 했는데 다 말씀을 드리겠습니다.

저는 지금 경찰대학 졸업반이구 내년에 경찰 간부로 임관을 할 겁니다. 그러면 저는 꼭 이 고장으로 발령을 받도록 자원을 할 것이며 그땐 저 송산 댁 딸 김숙희를 잔인하게 짓밟은 짐승보다 못한 강간범들을 반드시 제 손으로 잡아내어 사회에서 완전히 격리시킬 겁니다. 여러 어르신들 도와주십시오. 어느 가정 어떤 집에 여자가 없고 딸이 없는 집이 어디에 있습니까? 따지고 보면 여기 모이신 아줌마나 할머니들도 모두 여성이고 이 땅의 딸들입니다. 그런데 왜 여자라는 이유 하나로 저렇게 짓밟혀 울고 있어야 합니까? 우리 모두 새로운 마음가짐으로 불우한 이웃을 도웁시다. 도와주십시다!"

보라의 연설이 끝나자 다시 한 번 박수소리가 마을 회관 창문을 흔들었고 눈을 감고 경청을 하고 있던 마을 이장 한 씨는 연단에 올라서서 우선 수원 댁의 딸 보라양의 제안 연설에 자신도 공감을 하며 역시 사람은 배워야 한다는 사실을 뼈저리게 느끼며 보라양은 무지하고 이기적인 우리에게 많은 가르침을 주었으며 따라서 송산 댁 가족 추방문제는 없었던 일로 하고 사전에 충분한 검토를 하지 않고 투표를 결정한 자신의 경솔함에 책임을 지고 오늘부로 마을 이장 직을 사퇴한다고 선언하고는 폐회를 선포했다. 그 때 회의장 안에서 누군가가 한마디 던진다.

"미꾸라지 한 마리가 온 도랑물 다 더럽힌다더니 그 말이 틀림없구먼." 껌을 짝짝 씹으며 눈치만 살피며 앉아있던 빨강머리는 기가 푹 죽어 똥마려운 강아지처럼 안절부절 하더니만 그만 어둠 속으로 사라졌다. 흩어지는 아낙들은 저마다 십 년 묵은 체증이 내려간 것 같다며 회심의 미소를 던진다. 평소 같으면 소주병을 들고 수원 댁을 찾아가 똑똑한 딸 두어 좋겠다고 빈정대면서 어떤 꼬투리를 잡아서라도 한판 싸움을 벌일 여자이건만 그녀가 오금을 못 펴는 것은 수원 댁 딸이 경찰대학 졸업반이고 곧 이곳으로 발령을 받아 와서 숙희의 강간범을 반드시 잡아내겠다는 그 한 마디에 초저녁부터 마신 술이 확 깨버렸기 때문이다. 더욱이 자신이 치고 도망 온 서울의 사기 사건까지 들통이 날까봐 오줌까지 지릴 뻔했으며 이 날 밤늦게까지 잠을 못 이루었다. 한편 이튿날 이런 소식을 전해들은 송산 댁 내외는 수원 댁 딸 진보라에게 무한한 고마움을 느끼면서 눈물을 적시기도 하고 숙희 아버지는 아내에게 오늘 저녁에 닭장의 살진 암탉이라도 한 마리 들고 수원 댁을 찾아가서 인사라도 드리고 오라고 시키고는 어디를 간다는 말도 없이 집을 나갔다.

그 이틀 후 저녁 때 이 집에서는 또 하나의 청천벽력 같은 소식이 날아들었다. 이웃에 사는 미란이 아버지가 허겁지겁 달려왔다.

"수, 숙희 엄마! 저… 저 숙희 아버지가 그만……"

숙희 엄마 송산댁의 가슴은 또 철렁했다.

"예. 무슨, 무슨 일인데요? 수, 숙희 아버지가 도대체 어떻게 되었다는 겁니까?"

나중에야 안 일이지만 숙희 아버지 김일중은 그 동안 외동딸의 그 사건 이후 정신을 잃고 있는 딸의 처지가 모두 자신의 부덕함에서 생긴 일로 심한 자괴감을 느끼며 겉으로는 표현을 잘 하지 않았으나 속으로는 견딜 수 없는 고민과 실의에 잠겨 있었다는 것이다. 그래서 그날 술을 잔뜩 마시고는 딸이 성폭행 당했다는 그 공동묘지 입구 산마루에 있는 노송에 목을 매어 스스로 목숨을 끊어 버린 것이다. 모든 것이 박복한 자신의 탓으로 돌린 마음씨 착한 숙희 아버지는 자신의 죽음으로 딸의 원혼을 달래주고 딸의 억울함을 씻어 주고 딸의 인생을 이렇게 만신창이로 만들어 버린 성폭행 치한들에게 양심의 가책을 느끼게 하는 경종을 주어 자수케 하거나 아니면 다시는 그런 나쁜 짓을 못하게 어떤 대책을 세워야겠다고 친구들과 가끔 술자리에서 푸념을 늘어놓았다고 한다. 결국 그는 그날 그렇게 자살을 함으로써 자신의 인생은 막을 내렸지만 그로 인한 아내의 짐은 더없이 무겁게 된 것이다. 남편이 스스로 목숨을 끊었다는 소식을 접한 송산댁은 정말 형용하기 어려운 서러움에 빠졌으며 처절한 통한을 안고 죽은 남편의 시신을 끌어안고 몸부림쳤다. 어찌 이럴 수가….

싸늘한 남편의 시체를 확인한 그녀는 기절하며 쓰러져 온 동네 사람들을 전율케 하였다. 죽은 남편의 윗주머니에서 한 장의 유서가 나왔다.

"여보, 숙희 엄마. 몇 날 며칠을 생각했으나 도저히 내가 얼굴 들고 살아갈 엄두가 나지 않아 이렇게 먼저 가오. 모든 게 다 이 못난 애비, 이 무능한 남편 때문에 빚어진 비극인가 싶소. 당신은 너무 슬퍼만 하지 말고 나의 시신을 화장하여 강물에 뿌리지 말고 아버님 산소 옆 잔디밭에 뿌려주오. 내 혼령이나마 저승 가서 아버님께 이 불효를 빌어야 될 것 같소. 먼저 가

는 나를 부디 용서해 주오. 그리고 나의 이 죽음을 방송국에 알려 뉴스 보도가 되어 우리 숙희를 저렇게 만든 인간들이 조금이나마 양심에 가책을 느끼고 절대로 그런 나쁜 짓 못하게 하시오. 이만 저승에서 우리 만나 행복하게 삽시다."

- 숙희 애비 -

일중의 장례식은 3일장으로 동네 사람들과 친정 식구들 도움으로 끝마쳤다. 남편의 주검에 얼마나 통곡을 했는지 송산댁은 목이 잠겨서 말을 제대로 할 수 없었다. 며칠을 앓아누웠다. 아버지의 자살을 알리 없는 숙희는 여전히 불러오는 배를 만지며 킥킥거리며 웃고만 있었다.

기가 막혔다. 저것이 임신을 하다니…임신! 안돼. 절대로 안돼. 저것이 정신도 없는 저것이 어떻게 애비도 모르는 아이를 낳아 기른단 말인가. 말도 안돼. 말도….

생각이 여기까지 미친 송산댁은 딸을 산부인과로 데리고 가 낙태 수술을 시킬 것을 혼자 마음먹었다. 그래, 그 방법이 제일이야. 쥐도 새도 모르게 지워 버리는 거야. 송산댁은 안방으로 뛰어 들어갔다. 장롱 속에 들어있던 금반지며 시집 올 때 마련해 온 몇 가지 패물을 챙겼다. 이것을 팔면 수술비는 되겠지….

그러나 정신 나간 다 큰 딸을 어떻게 병원까지 데려간단 말인가. 송산댁은 다시 좌절할 수밖에 없었다. 혼자 택시를 잡아타고 산부인과로 가서 의사를 왕진 요청하였으나 진찰을 받은 결과 낙태시킬 수 있는 기간은 이미 지났으며 지금은 도저히 불가능하단다. 그것도 태아가 하나도 아닌 둘이다. 쌍둥이를 임신했다는 진단 결과였다. 하늘이 무너지는 또 한 번의 절망이었다. 하루 종일 일도 손에 잡히지 않았으며 도무지 뚜렷한 대안이 서지 않았다.

죽자! 그래. 저년을 죽이고 내가 죽는 일 그 길만이 이 안타까운 문제의 해결일 듯싶었다. 하늘같은 남편도 죽었는데 하잘것없는 우리가 못 죽을 게 무엇이란 말인가. 그녀는 그렇게 결론을 지었다. 두 번째의 모녀 동반 자살기도였다. 송산 댁이 쥐약을 사이다에 타 가지고 움막으로 숨죽여 걸어간 시각은 그날 밤 10시경. 딸의 배가 남산처럼 불러 오르던 임신 7개월 되던 날, 그날도 비가 창대같이 내려 붓던 밤이었다. 모두 죽자. 나도 죽고 너도 죽고 니 새끼들도 함께 죽자. 이번 자살이 성공을 하면 두 사람만의 주검이 아니다. 네 명의 목숨이 끊어지는 집단 자살의 대 참극이다. 먼저 간 네 아버지까지 다섯 명이 죽는 거다. 그래 죽자! 송산 댁의 가슴은 떨고 있었다.

"이 불쌍하고 가련한 년아! 억울하게 몸 빼앗겨 정신 나간 것도 원통한데, 그것도 모자라 이제 와서는 또 어느 천벌 받을 놈의 씨를 받아 임신까지 하다니…… 어찌 우리 집안에 이런 일이 있단 말인가? 윽윽" 송산 댁의 피맺힌 절규는 끊이지 않았다. 오장육부를 잘라내는 아픔이었다. 어디다 견줄 수 없는 절망이었으며 이 세상의 어떤 고통보다 더 큰 고통이었다. 통곡으로 일그러진 그녀의 입술은 동지섣달 찬바람에 떨고 있는 문풍지 같았고 한 손에 들고 있는 약 병은 마치 내림굿하는 무당의 손에 들린 대나무처럼 흔들리고 있었다. 어떤 말로도 표현하기 어려운 아픔이 그녀의 명치끝을 바늘로 찌르고 있는 것 같았다.

밖으로 굳게 잠긴 움막의 자물쇠를 열고 담요 한 장을 덮고 누워있는 딸의 움막 방으로 들어갔다. 딸은 그때까지도 잠을 자지 않고 누워서 천정을 우두커니 바라보며 무슨 말인지 얼른 알아들을 수도 없는 말을 중얼거리고 있었다. 마지막 말은 분명 "개 같은 놈들" 이었다. 불도 켜지 않은 캄캄한 방에 갑자기 후레쉬 불빛을 받은 숙희의 눈에서는 갑자기 포획된 성난 들짐승이 밤에 내뿜는 새파란 광채가 나는 눈빛과 같은 그런 분노의 불빛이 발산되고 있었다. 송산 댁은 딸의 눈을 보자 자신도 모르게 소름이 쫙 일었다. 다리가 후들후들 떨렸다. 갑자기 손전등 불빛을 받은 숙희는 본능적으로 일어나 마치 사나운 개가 낯선 사람이나 도둑에게 달려들 듯이 엄마의 목을 껴안고 제 엄마의 귀를 물어 뜯는 것이다.

"이놈아, 이 개 같은 놈아." 하면서 마구 발악을 하며 달려들었다. 눈빛은 여전히 파란 불꽃이 일었고 증오의 욕설은 칼날 같았다. 그 바람에 혼비백산이 된 송산 댁이 들고 있던 약병과 손전등은 방바닥에 뒹굴었다. 약병은 깨어져 박살이 나버렸고 코를 찌르는 독약은 딸의 담요 위에 지도를 그리면서 쏟아져 버렸다.또 다시 모녀의 동반 자살은 실패였다. 도저히 딸의 힘을 이겨낼 수가 없었기 때문이다. 딸의 괴력에 송산 댁은 심한 구타만 당하고 귀를 물어뜯긴 그녀는 하는 수 없이 도망치듯 돌아 나와야 했고 이튿날 병원신세까지 지게 되었다.

아무에게도 이런 사정을 말할 수 없었던 송산댁은 병원에 갔다 오는 길에 소주 한 병을 사 들고 뒷산 마루에 남편의 뼛가루가 뿌려져 있는 시아버지 산소로 올라갔다. 너무 서러웠다. 북받치는 설움에 견딜 수가 없어 산소 앞에 듬성듬성 올라온 풀을 뽑고는 소주병을 꺼내 한잔 부어 놓고 절을 하고 연거푸 술을 따라 마셨다.

"아버님! 아버님! 어찌하여 우리 집안에 이런 풍파가 몰아칩니까? 아버님 제발이지 저 불쌍한 년, 숙희 저 년을 어서 좀 데려가 주소서. 네? 으흐흑" 겉잡을 수없이 흘러내리는 눈물 때문에 몸을 지탱하기도 힘이 들었다. 시어머니는 먼저 세상을 떠났지만 시아버지는 숙희가 열 살 때 돌아가신 인자하고 정이 많은 어른이었다. 무남독녀 손녀딸 숙희를 그렇게도 사랑하였던 그런 시아버지 생각을 하면서 웃다가 울다가 그만 지쳐서 그녀는 산소 앞 잔디밭에 쓰러져 잠이 들었다. 얼마나 잤을까? 허연 수염이 한자도 넘는 할아버지가 나타났다. 할아버지는 먼 산울림 같은 목소리로

"내 말을 잘 듣거라…… 불쌍한 네 딸이 원한에 사무쳐 있어. 하도 가여워 산신령님께서 네 딸에게 두 아이를 점지하셨느니라. 그 아이들이 자라면 지 애미의 원한을 꼭 풀어줄 것이다. 그 아이들은 보통 아이들이 아니란다. 잘 키워라. 그 아이들이 태어나는 날, 진통 때 네 딸은 정신이 되돌아올 것이니라." 하면서 노인은 구름을 타고 하늘로 날아가는 이상한 꿈이었다. 송산 댁이 시아버지 산소 앞에 잠깐 쓰러져 잠이 든 그 사이에 꿈에 나타난 그 백발수염 노인은 도대체 누구일까? 그 다음 다음날 가랑비가 내리는 날이었다. 오토바이를 탄 우편 집배원이 숙희네로 와서 도장을 좀 달라며 등기 편지 한 통을 전해주고 갔다. ≪서울에서 배지숙 올림≫으로 되어 있었다. 송산댁은 도무지 기억나지 않는 이름이었다. 의아한 표정을 지으며 편지 봉투를 열고 하얀 백지위에 깨알처럼 담겨있는 글을 읽기 시작했다.

숙희 어머님께 올립니다.

숙희 어머님! 편지 드리기조차 죄송스럽군요. 그간 어떻게 지내셨습니까? 저는 숙희의 담임

교사였던 배지숙이라고 합니다. 저는 그때 숙희를 시내 서점에 책 심부름을 보냈다가 그만 귀가 시간이 늦어져 그런 불행한 일을 당하게 한 책임감을 떨쳐버릴 수가 없었으며 하늘을 바라볼 수가 없었습니다. 그래서 그 죄책감으로 도저히 교단에 더 이상 서 있을 수가 없어서 학교를 그만두고 입산수도를 하다가 지금은 친정인 서울에 와서 이 글을 올립니다. 그 때의 일, 다시 한 번 용서를 빌면서 제가 오랫동안 생각했던 일을 이 편지로 말씀 드리오니 이해하여 주시기 바랍니다. 저는 원래 충남 당진에서 태어났으며 그 곳에서는 꽤나 알려진 부잣집 무남독녀로 자랐습니다. 교육대학을 나와 교사로 첫 발령을 받은 부임지가 그 여자 중학교였습니다.

저는 숙희가 참변을 당한 그 무렵 임신 중이었습니다. 그날도 몸의 컨디션이 너무 좋지 않아 서점에 직접 가지 못하고 숙희를 심부름 보낸 것이 그만 그런 끔찍한 사건으로 연결이 되게 한 결과를 초래하게 된 것입니다. 몸이 좀 피곤하더라도 제가 갔었더라면 숙희는 친구들과 함께 귀가를 할 수 있었고 그런 일이 발생하지 않았을 터인데…. 생각하면 지금도 가슴이 찢겨질 것 같은 후회가 저를 한없이 안타깝게 하고 있습니다. 저도 그때의 충격으로 애기를 유산하였으며 다른 이유도 있었지만 남편과 이혼까지 하게 되었습니다.

숙희 어머님!

나중에 만나 뵈올 때 자세한 말씀 드리겠습니다만 제 마음이 이리도 아프고 괴로운데 어머님께서야 오죽 하시겠습니까? 제 친구 중에 정신과 의사가 있어서 물어보았는데 인간의 각종 질병 가운데 가장 어려운 정신과 치료는 인류가 풀지 못하고 있는 최고의 현대 의학 숙제라고 하는군요. 그러나 안정된 생활이나 요양을 잘 하면 간혹 제 정신이 돌아오는 경우도 없지 않다고 하니 희망을 가져 보십시다. 그래서 저는 친정어머니의 도움과 남편에게 받은 이혼 위자료 등을 가지고 숙희네 마을 뒷산 양지바른 산언저리에 조그마한 암자 한 개를 짓기로 마음먹고 오늘 부동산에 가서 부지 잔금을 다 치르고 왔습니다.

오는 길에 숙희네 들리려다가 숙희의 모습을 보게 되면 가슴이 미어질 것 같아 아직은 차마 발걸음을 그 곳으로 향할 수가 없었습니다. 이제 군청에서 건축 허가가 나오면 곧바로 착공을 하게 되고 완공이 되려면 약 6개월 정도 걸린다니 제가 자주 내려갈 것입니다. 그 암자가 완공되면 전 그 곳에 내려가 부처님 모시고 숙희가 제발 회복되게 해 달라고 불공드리며 살 것입니다. 물론 숙희와 함께 살 것 이구 숙희가 낳을 애기도 제가 맡아 키울 생각이구요. 애기가 태어나면 유전자 감식을 해서라도 반드시 성폭행범을 잡아낼 계획입니다. 그리고 유난히 뻐꾸기와 산비둘기가 많다는 그곳으로 가서 아침마다 산새 소리를 들으며 글이나 쓰고 살아갈 것입니다. 남은 재산으로 숙희가 출산할 아이 공부시켜서 이다음에 유능한 검사 한 명 만들어 엄마 가슴에 사무치는 원한을 풀어줄 성폭력 단속에 일익을 담당하게 부탁할 계획입니다.

그래서 다시는 숙희 같은 희생자가 없도록 하겠습니다. 그래야만 저의 실수, 저의 잘못을 만분의 일이라도 사하는 길이 되겠다 싶어 과감하게 결정한 일이오니 그렇게 아시고 제 뜻에 따라 주십시오. 더 자세한 이야기는 건축 허가가 나오는 대로 공사 책임자 데리고 내려가겠습니다. 부디 건강하시고 뵈올 때까지 안녕히 계십시오.

- 서울 마포에서 배지숙 올림 -

참으로 반가운 편지였다. 송산댁은 이 편지를 읽으면서 앞치마로 몇 번이나 눈물을 닦았으며 세상에 이런 양심과 인정을 지닌 분도 계시구나 싶어 큰 감동을 받았던 것이다. 고마움에 목이 메었고 기쁨에 가슴이 울렸던 것이다. 딸의 불행, 남편의 죽음으로 자신의 양쪽 팔이 다 떨어져 나가버린 절망감을 느끼고 있던 송산댁에게는 이 이상 더 기쁜 소식은 없었다.

그래. 하늘이 도와주시고 조상님들이 보살펴 주시는 거야. 엊그제 산소 앞에 쓰러져 잠들었을 때 나타났던 그 백발노인의 모습이 눈앞에 어른거렸다. 세상에, 세상에, 이런 고마운 분이..., 이런 천사 같은 분이...,

숙희가 신학기를 맞아 담임선생님이 새로 부임하셨다면서 우리 선생님은 탤런트 채시라 만큼 예쁜 선생님이라고 기뻐하던 일이 문득 생각이 났다. 그래, 그 선생님이구나, 얼굴도 예쁘다더니 마음도 비단결이구나. 송산댁은 실로 오랜만에 마치 실성한 사람처럼 허공을 향해 웃고 있었다. 천지가 캄캄했던 그녀의 앞날에 한줄기 밝은 빛이 보였으며 온몸에 전율의 파도가 희망의 소리를 내며 밀려왔다.

이 편지를 받은 다음날, 송산댁 안방의 전화기에서는 또 하나의 기쁜 소식이 날아왔다. 숙희가 폭행을 당한 이튿날 집에까지 달려왔던 남편 후배, 정 형사의 전화였다. 그 후 자신은 승진을 하여 도경으로 전근을 왔는데 어젯밤에 검거된 강간범 두 놈을 잡아 여죄 추궁을 해가다가 그때 숙희의 성폭행 사실을 자백 받아냈다는 정말이지 꿈같은 전화였다. 이런 걸 두고 사필귀정이라 했을까⋯.

〈끝〉

※이 소설은 실화 소설이며 날로 성폭행 범죄가 심각해져 가고 있어 사회적 경종을 주고자 싣게 된 것입니다. 한 여인의 운명을 갈기갈기 찢어버린 이런 잔학무도한 성범죄는 기필코 척결되어야 할 것입니다. 지난 3월 미국 미주리주州의 한 순회법원은 19세 연쇄 성폭행범 모리스 브라운에게 50년 형을 선고했습니다. 2004년부터 1년 동안 5명의 여성을 성폭행한 혐의로 최소 형기의 85%를 채워야 하는 그는 빨라도 환갑을 넘긴 이후에나 교도소를 나설 수 있다고 합니다. 미국에서는 성 범죄자에게 수십 년씩 선고되는 경우가 적지 않습니다. 어떤 범죄보다도 재범再犯확률이 높은 성범죄의 특성상 사회격리 차원에서 엄중한 양형量刑이 이루어지는 것이므로 이제 우리나라도 재고해 봐야할 문제가 아닌가 하며 성폭행 피해 가족은 감추지 말고 곧바로 경찰에 신고를 해야 성범죄자가 설치지 못하리라 생각합니다.

〈작가〉

내 딸의 딸에게 남기고 싶은 이야기

황지우 (사비나)에게

사랑하는 지우야!

너는 이 세상에 단 하나밖에 없는 나의 딸의 딸로 태어났고 반드시 축복받은 여인으로 잘 살아 가리라 믿으면서 네가 이다음에 커서 외할아버지가 남긴 이 책을 가끔씩 펼쳐보고 무언가를 음미하고 삶에 보탬이 되어주면 고맙겠구나. 이 책은 네가 다섯 살 때 그러니까 너희 가족들이 네 아빠 해외파견 근무로 일본 동경으로 이주를 가던 그 얼마 전, 할아버지가 3년간 집필한 원고를 간추려 세상에 내어놓은 어쩌면 하나의 기념비 같은 뜻이 담긴 책이란다. 세계 어느 나라를 가더라도 '대한의 딸' 그 태산 같은 긍지와 자부심을 지니고 당당하게 살아가길 바라면서 이 글을 쓴다. 더욱이 대한민국 제17대 이명박 대통령 취임식 날 저녁, 함박눈이 펑펑 내린 그 시각, 이 책의 원고 98%가 출판사로 넘어가고 할아버지가 책임을 맡고 있는 '생명 운동 신문' 에 첫 광고가 실려 나갔으며 이 나라의 역사에 새로운 한 시대의 서막과 함께 쓴 책이다. 먼 훗날에 보면 대한민국 반세기 여성 역사 기록장으로 소중한 자료가 될 수도 있을 거야. 그래서 할아버지 서재에 한100권쯤 보관해 둘 것이니 너희가 대학을 다닐때 쯤 네 친구들에게 한 권씩 꼭 선물 하도록 해라.

지우야!

이 책에는 여성인 세상 모든 딸들에게 조금이라도 삶의 변화가 될 수 있는 그런 메시지가 듬뿍 담겨있으며 또한 개인적으로 보면 너를 이 세상에 탄생시켜준 네 엄마에 대한 소박하면서도 특이한 글이 조금 실려 있다. 네 엄마는 참으로 영특하였으며 또한 정情이 많았고 그러면서도 매우 강한 카리스마가 있는 여인이지. 너를 임신하여 부득이 그만 두게 된 직장에서는 3년 간이나 기다렸다가 과장으로 특진시켜 복직을 시켰으며 그런 한참 후 또다시 일본으로 가게 되어 또 사직을 하였는데 일본에 갔다가 5년 후에 와서라도 그때라도 나와 주길 바란다며 신신당부를 했단다. 왜 그랬을까를 너는 잘 생각해야 하리라, 아무 일없이 근무잘 하는 사람도 잘라내는 세상에... 그런 네 엄마는 철부지 너희 남매가 싸우거나 말을 잘 듣지 않으면 절대 때리진 않아. 그 대신 추운 겨울에도 차디찬 마루바닥 베란다에 나가서 잘못을 다 반성하고

"엄마 나 잘못 했어요 다시 안그럴께요"

하고 자신을 뉘우치며 빌 때까지 그냥 두는거야. 너희 남매를 올바로 키우기 위해서 말이다. 금지옥엽金枝玉葉같이 귀여운 너희들이었지만, 말하자면 현대판 맹모삼천孟母三遷교육을 시킨거지. 그럴때 마다 네 외할머니는 마음이 아파 엄마 몰래 문을 열고 너를 껴안고 들어오다 네 엄마에게 들켜서 아이 버릇없어 진다고 핀잔을 듣기도 하고, 그러면서 너는 엄마로부터 다시 베란다로 쫓겨나 엉엉 울어버리곤 했단다. 그런 '맹훈련' 속에 너는 차츰 깨끗한 정원의 아름다운 한 그루의 꽃나무처럼 그렇게 바르고 싱

싱하게 자라나더구나. 엄마와 양가 할머니의 촛불기도 축원 속에...

하루는 말이다 할아버지가 욕실에서 사워를 하고 있는데 네가 살짝 문을 열어 보더니 타일바닥이 차게 보였던지 얼른 저쪽 베란다로 달려가서는 목욕의자를 갖고 와 "할아버지 여기 앉아서 목욕 하세요" 하였어, 네살박이 네가….

순간 얼마나 기특하고 감동했는지 모른다.

지우야! 너를 절반은 키운 네 외할머니 당시 체중은 겨우 43킬로였어. 몹시 날씬한 여고생처럼 말이다. 고혈압과 당뇨로 큰 고생을 하셨기 때문이었어. 그러다가 우연히 김영귀 환원수라는(KYK 정수기물) 그 물을 마시면서 기적 같은 큰 효력을 보았고, 당뇨도 고혈압도 치료를 하고 건강을 점차 회복 하였단다. 정말 신비하더구나. 너희도 언제나 좋은 물을 골라먹도록 하여라. 네 외할머니는 그 물을 먹기 전에는 바싹 마른 겨울 가랑잎, 약간의 바람만 불어도 쓸쓸히 날아가버릴 것만 같았고 누가 밟으면 바스러져 버릴 것 같은 그 안쓰러운 모습을 보면서 너무 마음이 아프고 안타까워서 할아버지는 속으로 많이 울었단다. 이 글을 쓰는 순간도 자꾸만 눈시울이 젖어오네….

그러다가 또 우연히 충남 아산에 계신 활인촌活人村 촌장이신 배대진裵大鎭 선생님을 만나게 되었으며 그분이 오랜 세월 연구재배 개발하여 너희 가족이 가는 일본의 유명 의사들과 교수들도 그 어른이 말기 암환자와 디스크나 아토피와 당뇨병 환자들을 기적처럼 회복 시켜내는 사실을 보고 탄복했다는 '태삼'太蔘이라는 특수선인장 열매로 만들어진 빨간 음료수를 먹고는 빠른 건강회복을 하였단다.

그래서 할아버지는 그 김영귀 환원수(KYK물)와 태삼이라는 선인장 열매

음료수를 '신의 선물'로 생각하고 하느님께 감사하고 있단다.

기왕 외할머니 이야기가 나왔으니 조금만 더 쓰겠다. 젊은날 할아버지와 어쩌다 부부싸움 이란 걸 할 때면 네 외할머니는 어린 네 엄마를 등에 업고 요즘 엄마들처럼 툭하면 친정으로 가는 게 아니라 먼 시골(울산, 범서, 사일이라는 마을)에 있는 시댁, 그러니까 너의 외증조부님 댁으로 가서는 온종일 청소며 빨래를 하면서 스트레스를 풀곤 했지.

그뿐 아니라 서울 대치동에 살 땐데 옆집에 살고 계신 한 노부부(그 할아버진 중환자였음)에게 얼마나 지극정성으로 도움을 드렸는지, 그 집에서는 외국에 사는 자녀들이 보내온 돈이 가득한 거액의 은행통장을 너 외할머니에게 몽땅 맡겨두고 사셨단다. 살벌하기 짝이 없는 세상에 참으로 보기 드문 휴먼 스토리였지. 그러던 어느 날 동네 목욕탕에서는 또 어떤 할머니가 그만 빈혈로 쓰러지셨는데 마침 그 곁에서 목욕을 하던 네 외할머니가 정성껏 주물러 드리고 때까지 말끔히 씻겨 드리자, 그 할머니가 자기를 꼭 집에까지 좀 대려다 달라 하시더래. 그러면서 제주도에서 교편생활을 하는 딸에게 전화를 좀 걸어 달라 하시더니 "얘야, 오늘 내가 옆집 새댁 아니었다면 죽었을지도 몰라" 하고 전화를 하시자 그 멀리 있는 그 할머니 딸이 제주도에서 당장 비행기로 올라와 너무 고맙다며 우리 집에 선물 한 꾸러미를 사들고 인사를 온 일도 있었어. 그 후엔 서울 강남 성모병원에 3년간 무료 봉사활동을 하였는데 단 하루도 빠지지 않아 주임 신부님으로부터 특별개근상 메달을 받아 왔더구나. 네 엄마가 잘 보관하고 있으리라 믿지만 그 메달은 보통메달이 아니므로 나중에 엄마에게 네가 꼭 물려받도록 하여라. 그리고 그것을 너는 또 결혼하여 네 딸이 태어나거든 물려줘라.

무슨 뜻인지 이해하리라 믿는다. 그런 네 외할머니의 사랑과 희생과 봉사정신, 그것을 다 쓰면 책한 권도 넘으리라.

지우야! 네가 훗날에 만일 글 쓰는 작가가 되거들랑 네 외할머니 일대기를 모티브로 하여 실화 소설을 한 권 써 보아라.

아마도 천만 독자들의 심금을 울릴지도 몰라. 할아버진 작가 신분으로 그 글을 쓰고 싶어도 너무도 가슴 아픈 이야기가 많아 눈물이 원고를 적셔버릴 것 같아 차마 쓸 수가 없었어. 아무튼 네가 그런 외할머니와 엄마의 핏줄을 이어받아 그 인성을 배우고 닮아서 훌륭한 여성으로 살아주면 더 이상 바랄 것이 없겠구나. 딸에서 딸로 이어지는 맑고 깨끗한 '탯줄의 강물'이 되어서….

그런데 말이다 이 외할아버지는 타고난 천성인지 바보인지 돈보다는 글을 더 사랑하며 살았고 보석상에서 값비싼 반지를 고르는 여인들 보다는 퇴근길에 서점이나 도서관에 들러 책을 골라보고 있는 여인들의 뒷모습이 왜 그렇게 아름답게 보이는지 몰라. 그래서 네 엄마도 유난히 책을 좋아하는지 모르겠다만….

눈에 넣어도 아프지 않을 내 사랑스런 지우야!

이 할아버지가 너희 두 남매에게 값진 명언을 선물한다. 살아가면서 마음의 양식으로 삼도록 해라. "빛나는 다이아몬드를 탐내는 사람이 되지 말고 언제나 좋은 책을 탐내는 사람이 되라" 그리고 또 하나는 살다보면 마음의 상처를 받을 때가 많아. 그럴 땐 "받은 상처는 손바닥에 적어두고 받은 은혜는 가슴에 새겨두라" 이 두 개의 명언이 부족한 이 할아버지가 너희 남매에게 전해주는 유일한 유산(?)이라 면목이 없다만 그러나 지우야! 이 책 뒷 표지에 실린 2008년의 네 모습처럼 언제나 환하게 웃으며 살아가주길 할아버진 저 세상에 가서라도 너를 위해 기도하리라.

딸

1판 1쇄 : 2008년 4월 5일

지 은 이 : 서진모

펴 낸 이 : 이연분, 서영주

펴 낸 곳 : 도서출판 운향

등록번호 : 제395-2005-00078호

주 소 : 서울시 마포구 합정동 198-11

전 화 : (02)335-0761 팩스(02)335-0709

ISBN : 978-89-92458-20-7

가격 10,000원